POLYGLOTT on tour

Florenz

Die Autorin

Monika Pelz

studierte in München, Florenz und Pisa Geschichte, Politologie und italienische Linguistik. Sie lebt mit ihrer Familie in Pisa und hat in vielen Jahren Land und Leute in der Toskana kennen und schätzen gelernt. Die Autorin verfasste auch die Titel der Polyglott on tour-Reihe »Toskana«, »Apulien/Kalabrien« und »Italien«.

REISEPLANUNG

STADT & LEUTE

TOP-TOUREN IN FLORENZ

Der Blick auf den Ponte Vecchio ist eine beliebte Stadtansicht in Florenz

Perseus mit dem Haupt der Medusa, Monumentalskulptur von Benvenuto Cellini in der Loggia dei Lanzi

REISE-PLANUNG

Die Stadtviertel im Überblick

Florentia – die Blühende: So tauften die Veteranen Cäsars ihre Siedlung am Arno – ein Name, der die großartige Zukunft der Stadt als blühende Renaissancemetropole vorwegzunehmen scheint. Reichtum aus Handel und Bankgeschäften und die Entstehung eines neuen Weltbildes, das den Menschen in den Mittelpunkt seiner Anschauungen stellte, sowie die Wiederentdeckung antiker Kunstideale trafen im 15. Jh. in Florenz zusammen: Diese Voraussetzungen ermöglichten den ungeahnten Aufschwung der Stadt; die Entstehung der großartigen Bauten, Bilder und Skulpturen machten Florenz zur Wiege der Renaissancekultur. Nirgends auf der Welt existiert eine derartige Dichte des Kunstschaffens aus der Epoche, die am Beginn der Neuzeit Europas liegt und die folgenden Jahrhunderte tiefgehend beeinflusste. Alle führenden Künstler der Zeit – von Brunelleschi und Donatello bis hin zur Trias Raffael, Leonardo da Vinci und Michelangelo – arbeiteten in Florenz. Die UNESCO erklärte das Centro Storico der Arnostadt daher als einzigartiges Gesamtensemble der Renaissance 1982 zum Weltkulturerbe.

Die rote Domkuppel von Brunelleschi und der schlanke Turm des Palazzo Vecchio bilden die Wahrzeichen des **historischen Kerns.** Großartige Renaissancepaläste wie der Palazzo Strozzi prägen das Straßenbild. Millionen Besucher schlendern jährlich in dem Areal des ehemaligen römischen Kastells, aber nicht nur wegen der Kunst kommen sie hierher. Mode heißt das zweite Zauberwort. Alle führenden Topdesigner Italiens und die großen internationalen Modehäuser zeigen in der Via de' Tornabuoni und rund um die Piazza della Repubblica ihre Kreationen in auf Hochglanz gestylten Vitrinen. Von Armani bis Benetton reicht die Bandbreite, vom kleinen Schwarzen für den Cocktailabend bis hin zu extravagantem Modeschmuck. Alteingesessene, stolze Cafés und neue, schicke Nobelbars bieten das stilvolle Ambiente für *Light Lunch* und Aperitif, die *Trippa*-Stände die bodenständige Alternative für eine volkstümliche Pause.

Im **Viertel San Giovanni** nördlich des historischen Kerns wohnten einst die Medici im Prototyp des Renaissancepalastes, in dessen Cappella dei Magi sie von Benozzo Gozzoli im Fresko verherrlicht wurden. Brunelleschi gestaltete für die Familie San Lorenzo zu einem der harmonischsten Kirchenräume der Epoche um, errichtete mit der Sagrestia Vecchia den ersten Zentralbau seit der Antike. Michelangelo schuf mit der Sagrestia Nuova, ebenfalls im Auftrag der Medici, den gelungensten Raum der Hochrenaissance, Fra Angelico malte die zarteste Verkündigung in San Marco. Doch nicht nur Renaissancekunst vom Feinsten prägt das Viertel. Das lebhafte Markttreiben vor San Lorenzo und in der schon 150 Jahre alten zentralen Markthalle, die Studenten der Uni-Institute, viele kleine Bars und Lokale verleihen San Giovanni eine offene, freundliche Aura. Touristen und Einheimische mischen sich in den Gassen, bewahren diesen Stadtteil davor, zum reinen Renaissance-Museum zu werden.

Das **Viertel Santa Croce** im Osten des historischen Kerns zeigt zwei Gesichter. Einst wohnten hier die kleinen Leute, der Florentiner Popolo, doch heute werden die Borghi und Vie zwischen Palazzo Vecchio, Dom und Santa Croce immer mehr von Ausländern belegt, reihen sich Bars, Weinlokale und Souvenirläden aneinander. Ganz anders gibt sich das nördliche Santa Croce. Einfach geht es hier in vielen Trattorien zu, am Nachmittag treffen sich die Mütter mit Kindern an der Piazza d'Azeglio und Piazza de' Ciompi. Abends feiert die Kulturszene rund um den Mercato di Sant'Ambrogio, die Jugend am Arco San Pier Maggiore in den Pubs. Natürlich wartet auch hier großartige Kunst: die schönsten Skulpturen im Bargello, die besten Fresken Giottos in Santa Croce und Brunelleschis formvollendete Cappella Pazzi.

Ohne große Massen, beinahe unberührt vom Touristenstrom gibt sich das **Viertel Santa Maria Novella.** Die namengebende Kirche ist mit ihren herrlichen Fresken ein Besuchermagnet, aber in die stillen Gassen der Antiquitätenhändler, der gediegenen Galeristen, der einfachen Handwerker, in die Welt der Florentiner Bourgeoisie verlieren sich wenige. Doch gerade hier lebt Florenz seinen Alltag, genießt die vornehmen Boutiquen in der Via della Vigna Nuova, die edlen Lokale am Arno, die charakteristischen Trattorien in den versteckten Winkeln. Hinter den Ringstraßen im Westen des Viertels liegen der weitläufige Cascine-Park und gleich davor die Stazione Leopoldo, neuestes Kultur- und Eventzentrum der Arnostadt.

Oltrarno, jenseits des Arno, steht der Palazzo Pitti wie ein nobler Fels inmitten der volkstümlichen Viertel Santo Spirito, San Frediano im Westen und dem edleren San Niccolò im Osten. Noch immer stellen an heißen

Blick auf Florenz mit Domkuppel und Palazzo Vecchio vom Piazzale Michelangelo aus

Sommerabenden die Signoras ihre Stühle auf die Gassen, so wie die Handwerker tagsüber ihre restaurierten Möbel zum Trocknen. Doch die Bevölkerung verändert sich im Oltrarno, die Wohngegend wird trendy, die hohen Preise treiben viele Familien in die »Schlafvororte«. Immer mehr kultige Bars zieht es in dieses Bollwerk Florentiner Originalität. Noch kann man aber den speziellen Charme des Oltrarno spüren, noch in den Straßen die Atmosphäre eines eigenständigen Florentiner Lebens einatmen.

Extra-Touren

Tour 1 Ein Wochenende in Florenz

Tour-Übersicht:

Dom › Baptisterium › Campanile › Piazza della Repubblica › Palazzo Strozzi › Via de' Tornabuoni › Via della Vigna Nuova › Palazzo Rucellai › Cappelle Medicee › San Lorenzo › Markt San Lorenzo › Cappella dei Magi › Piazzale Michelangelo › Palazzo Pitti › Giardino di Boboli › Bargello › Santa Croce › Piazza della Signoria › Palazzo Vecchio › Loggia dei Lanzi › Ponte Vecchio

Dauer:

2–3 Tage

Praktische Hinweise:

Im Zentrum spaziert man am besten zu Fuß. Alle Sehenswürdigkeiten liegen dicht zusammen. Zum Piazzale Michelangelo fährt man vom Bahnhof mit der Linie 12 entgegen dem Uhrzeigersinn, mit der Linie 13 im Uhrzeigersinn, einmal rund um das Centro Storico. Für den Palazzo Pitti und den Giardino di Boboli gibt es Sammeleintrittskarten › **S. 117**.

1. Tag: An einem Wochenende lässt sich Florenz gut erkunden. Ein guter Ausgangspunkt am Freitagnachmittag ist der Domplatz, an dem das geistliche Zentrum der Stadt liegt. Das Ensemble aus dem ****Dom** › **S. 62** mit der Kuppel Brunelleschis, dem mittelalterlichen *****Baptisterium** › **S. 60** und dem ****Campanile** Giottos › **S. 64** stimmt einen auf Florentiner Größe ein. Spaziert man zur nahen **Piazza della Repubblica** › **S. 77**, so bieten sich gleich mehrere stilvolle Cafés für eine Pause an. Anschließend lockt ein Bummel durch die umliegenden Straßen, vorbei am **Palazzo Strozzi** › **S. 78** zur **Via de' Tornabuoni** › **S. 77** mit den Top-Modeboutiquen. Mode erwartet Sie auch in der **Via della Vigna Nuova** › S. 110. Den Abend kann man bei **Latini** › S. 29 bei traditioneller Florentiner Küche ausklingen lassen.

Renaissance-Skulpturen im Bargello

2. Tag: Den Auftakt am Samstag bildet in den ****Cappelle Medicee** › S. 85 Michelangelos großartige Architektur im Zusammenspiel mit seinen meisterhaften Statuen. Danach bietet die Kirche ****San Lorenzo** › S. 82 einen der harmonischsten Renaissanceräume, gestaltet wie die ****Sagrestia Vecchia** im Inneren von Brunelleschi. Bei einem Bummel über den **Straßenmarkt** entdecken Sie vielleicht ein nettes Mitbringsel und in der **Markthalle** › S. 86 eine Delikatesse für zu Hause. Im Prototyp des Florentiner Renaissancepalastes, dem ****Palazzo Medici-Riccardi** › S. 81, wartet Lorenzo il Magnifico dann im Fresko der ****Cappella dei Magi**. Hinter dem Palazzo, versteckt zwischen den Marktständen, können Sie in der **Casa del Vino** › S. 84 zu einem Gläschen Wein hervorragende Panini genießen. Klassische Florentiner Gerichte gibt es hinter dem Markt bei **ZaZa** › S. 86 oder bei **Mario** › S. 30.

Anschließend gehen Sie zum Bahnhof (ca. 7 Min. Fußweg) und nehmen den Bus Nr. 13 zum **Piazzale Michelangelo** › S. 128, Florenz liegt Ihnen zu Füßen. Der Bus fährt durch die Hügel hinunter zur Porta Romana. Nur wenige Schritte und Sie stehen vor dem größten Palazzo der Stadt, dem ****Palazzo Pitti** › S. 118. Hier lassen Sie sich von den Raffaels, Tizians und Caravaggios in der ****Galleria Palatina** bezaubern, anschließend genießen Sie im wunderschönen ****Giardino di Boboli** › S. 121 die *Aussicht auf Florenz. Nach einem entspannten Bummel durch das Viertel Oltrarno mit seinen vielen Kunsthandwerkersläden bieten sich die Restaurants an der **Piazza Santo Spirito** › S. 123 oder **Piazza del Carmine** › S. 124 für das Abendessen an.

3. Tag: Das schönste Skulpturenmuseum in Florenz wartet am Sonntag im alten Stadtpalast ****Bargello** › S. 100. Das beste Eis der Stadt bei **Vivoli** › S. 102 erreicht man über den Borgo de' Greci. Weit öffnet sich die **Piazza Santa Croce** mit dem Dante-Denkmal vor der gleichnamigen Kirche *****Santa Croce** › S. 103. Giotto malte seine herrlichen ****Fresken** hier, und im Kreuzgang baute Brunelleschi das Kleinod ****Cappella Pazzi.** Über die Via de' Benci und die Via de' Neri gelangen Sie schließlich auf die ***Piazza della Signoria** › S. 68 mit dem mächtigen Rathaus ****Palazzo Vecchio** › S. 68 und dem Freiluftmuseum ***Loggia dei Lanzi** › S. 70. Nach einer Schokolade im **Rivoire** › S. 68 bleibt der ***Ponte Vecchio** › S. 72 als Bild von Florenz im Gedächtnis.

Tour 2 Florenz einmal anders

Tour-Übersicht:

Ognissanti › Ponte alla Carraia › Cappella Brancacci › Piazza Santo Spirito › Biblioteca delle Oblate › Synagoge › Fiesole › Museo di Santa Maria Novella › Apotheke › Museo Marini › Palazzo Rucellai › Santa Trinita › Cenacolo di Sant'Apollonia › Chiostro dello Scalzo › Giardino dei Semplici › Museo Archeologico › Certosa di Galluzzo › Villa di Castello › La Petraia › Museo Horne › Museo Bardini › Giardini Bardini/di Boboli › Museo della Porcellana › Museo degli Argenti › Galleria del Costume

Dauer:

6 Tage

Praktische Hinweise:

Die Tour geht von Montag bis Samstag. Folgende Tage sind sonst für die einzelnen Tourtage geeignet: **Tag 1** Mo, Sa; **Tag 2** Mo, Mi–Fr, So, Di nur März–Okt.; **Tag 3** Mo, Fr, Sa; **Tag 4** Do (Apr.–Mitte Okt.), Sa; **Tag 5** Di–So; **Tag 6** Fr–Mo (nicht 1. u. letzter im Monat). Nach Fiesole fährt Bus Nr. 7 ab Piazza San Marco, ab Bahnhof zur Certosa di Galluzzo Bus Nr. 37, zu den Medici-Villen Bus Nr. 2 (Haltestelle Sestese 5). Für den 5. Tag lohnt ein Tagesticket für den Bus. Sammelticket für Giardino Bardini, Giardino di Boboli, Museo delle Porcellane, Museo degli Argenti, Galleria del Costume › **S. 117**.

1. Tag: Sie kennen schon die Hauptsehenswürdigkeiten, Dom und Palazzo Vecchio, die Uffizien und Santa Croce? Dann sollten Sie sich die versteckten Schätze der Arnostadt ansehen, wunderschöne Fresken, einzigartige Museen – und das ganz ohne Touristenrummel. Am ersten Tag besichtigen Sie vormittags die ***Kirche Ognissanti** › **S. 112** mit Meisterfresken von Botticelli und Ghirlandaio, einen Eingang weiter den **Cenacolo von Ognissanti** › **S. 112** mit einem traumhaft schönen ***Abendmahlsfresko**, ebenfalls von Ghirlandaio. Über den **Ponte alla Carraia** › **S. 110** gelangt man nach Oltrarno, wo man in der ****Brancacci-Kapelle** › **S. 125** an der Piazza del Carmine die ersten perspektivisch gemalten Fresken von Masaccio bestaunen kann. Nach dem Mittagessen in einem der guten Restaurants in diesem Viertel bummeln Sie zur **Piazza Santo Spirito** › **S. 123**. Hier findet man in der ***Kirche Santo Spirito** › **S. 123** die feine Architektur Brunelleschis. Bei **Giannini** › **S. 107** kann man dabei zusehen, wie wunderschönes Papier hergestellt und gebunden wird. Shoppen Sie ein wenig und genießen Sie den Abend im **La Cité** › **S. 126** bei Jazzmusik oder einem Kulturevent. Spät nachts können Sie noch auf einen Cocktail im **Dolce Vita** › **S. 125** einkehren.

2. Tag: Den zweiten Tag in Florenz beginnen Sie mit der **Biblioteca delle Oblate** › S. 89 – hier genießt man vom Museumscafé aus eine schöne Aussicht auf die Kuppel des Doms. Dann statten Sie der jüdischen Welt von Florenz in der **Synagoge** › S. 105 und dem angeschlossenen **Museo Ebraico** einen Besuch ab. Fürs Mittagessen bieten sich die Restaurants um die Piazza Sant'Ambrogio an.

Eine Augenweide ist die alte Apotheke Santa Maria Novella

Von der südlich liegenden Via dell'Agnolo fährt der Bus Nr. 14 zur Piazza San Marco. Steigen Sie dort um in Buslinie Nr. 7, die hinauf nach **Fiesole** › S. 131 fährt. Die **Archäologische Zone** lohnt den Besuch, herrlich ist der Blick ins Tal, gemütlich ein Abendessen in dem kleinen Ort.

3. Tag: Beginnen Sie den dritten Tag mit dem Besuch des **Museo di Santa Maria Novella** › S. 115 und den herrlich ausgemalten Kreuzgängen an der **Piazza Santa Maria Novella** › S. 113. In der stilvollen alten **Apotheke** von Santa Maria Novella warten neben Cremes, Seifen und Bonbons auch fein ausgemalte Räume › S. 113. Mittags genießen Sie in der **Trattoria dei Cento poveri** toskanische Küche (Via Palazzuolo 31r). Dann bummeln Sie zum **Museo Marini** › S. 111 mit den ungewöhnlichen Pferdeskulpturen des Meisters. Eine der harmonischsten Fassaden besitzt der ***Palazzo Rucellai** › S. 111 in der Modegasse **Via della Vigna Nuova** › S. 110. Ein Blick auf die High Society der Renaissance ist in ***Santa Trinita** › S. 75 möglich. Für einen Aperitif oder ein apulisches Abendessen gehen Sie um die Ecke ins **Moyé** › S. 76.

4. Tag: Am vierten Tag bestaunen Sie im ****Cenacolo di Sant'Apollonia** › S. 86 ein weiteres herrliches Abendmahlfresko, meist ganz allein. Die feinen monochromen Fresken von Andrea del Sarto findet man in der Via Cavour im ***Chiostro dello Scalzo** › S. 92. An der **Piazza San Marco** stärken Sie sich in einer Bar, bevor Sie im ältesten **Botanischen Garten** (Giardino dei Semplici) › S. 93 der Welt an der Via Micheli die Augen vom vielen Stein der Stadt erholen können.

Das ****Museo Archeologico** › S. 95 beherbergt großartige etruskische und römische Statuen und verfügt über die zweitgrößte ägyptische Abteilung Italiens. Anschließend schlendern Sie noch ein wenig durch das Viertel in Richtung Sant'Ambrogio, um dort ihren Aperitif im **Caffè Sant'Ambrogio** › S. 105 zu genießen und das Abendessen am Buffet des **Teatro del Sale** › S. 105 einzunehmen.

› Karte Umschlag

5. Tag: Am fünften Tag nehmen Sie am Bahnhof Santa Maria Novella den Bus Nr. 37 zur **Certosa di Galluzzo › S. 133**, wo im mächtigen Kartäuserkloster die spartanischen Mönchszellen und die herrlichen ***Fresken** von Pontormo beeindrucken. Mittags können Sie rund um die **Piazza Santo Spirito › S. 123** speisen und dann zurück zum Bahnhof fahren. Von dort fährt der Bus Nr. 2 zu dem stilreinen ***Renaissancepark der Villa di Castello**. Die Villa ***La Petraia › S. 134** etwas weiter bietet prunkvolle Innenräume und einen grandiosen *Panoramablick. Zum Abendessen geht es zurück ins Zentrum.

6. Tag: Der sechste Tag beginnt mit zwei Museumsbesuchen. Im **Museo della Fondazione Horne › S. 102** kann man die vom Engländer Herbert Horne gesammelte Kunst aus der Blütezeit der Arnostadt bestaunen. In Oltrarno, gleich auf der anderen Seite des Flusses, wandelt man im ***Museo Bardini › S. 127** auf den exzentrischen Spuren des Kunstsammlers Stefano Bardini. In der **Via di San Niccolò › S. 127** finden Sie sicher den richtigen Ort für eine Pause, bevor Sie in den herrlichen Gartenanlagen des ***Giardino Bardini › S. 127** flanieren. Mit demselben Ticket gelangen Sie auch in den ****Giardino di Boboli › S. 121**, an dessen höchster Stelle mit wunderbarer Aussicht auf die umliegenden Hügel das sehenswerte **Porzellanmuseum › S. 122** liegt. Spazieren Sie durch den Garten zum idyllischen Isolotto, bevor Sie im ***Museo degli Argenti › S. 120** den Glanz und Prunk der Medici-Schätze auf sich wirken lassen. Feinste Roben bietet die **Galleria del Costume › S. 37.**

Den Abend verbringen Sie im **Caffè Pitti › S. 122** und genießen neben dem Jugendstilambiente den Blick auf den angestrahlten ****Palazzo Pitti.**

Der Giardino di Boboli ist ein herrlicher Renaissancegarten oberhalb des Palazzo Pitti

Tour 3 Shoppen in Florenz

Tour-Übersicht:
Via de' Tornabuoni › Via della Vigna Nuova › Via del Sole › Via degli Strozzi › Via dei Tosinghi › Via de' Panzani › Via de' Cerretani › Via dei Calzaiuoli › Via Por Santa Maria › Via Calimala › Piazza della Repubblica › Via Roma › Markt San Lorenzo › Santa Maria Novella › Borgo Ognissanti › Via Maggio › Oltrarno

Dauer:
4 Tage

Praktische Hinweise:
Beachten Sie, dass Modegeschäfte montags vormittags oft geschlossen sind. Kleinere Läden und Antiquare halten eine Mittagspause von 13 bis etwa 16 Uhr. Im Hochsommer schließen viele Geschäfte samstags nachmittags.

1. Tag: Am ersten Tag geben Sie sich ganz der Alta Moda hin. Bummeln Sie die **Via de' Tornabuoni** › S. 77 entlang, beginnend an der Piazza Santa Trinita. Trauen Sie sich und probieren Sie in den formvollendet gestylten Boutiquen ruhig etwas an. Spazieren Sie bis zum **Palazzo Strozzi** › **S. 78** hinauf, von hier in die **Via della Vigna Nuova** › **S. 110**, auf der einen Seite hinunter, auf der anderen zurück. In der **Via del Sole** finden Sie exklusive Kindermode, an der **Via degli Strozzi** und der parallelen **Via dei Tosinghi** begegnen Ihnen wieder die großen Namen des internationalen Modedesigns. Für eine stilvolle Pause eignen sich die Cafés rund um die **Piazza della Repubblica** › **S. 77**.

2.Tag: Den zweiten Tag widmen Sie all den Geschäften, die Sie von zu Hause kennen, wo Sie aber nie Zeit und Muße zum Einkaufsbummel finden. Teilweise mischt sich die Welt von Benetton, Zara oder H&M mit der Alta Moda. Am Bahnhof beginnend, führt Sie die Tour in die **Via de' Panzani** und **Via de' Cerretani** am Kaufhaus Oviesse, an Geox, Sisley und Benetton vorbei zur **Via dei Calzaiuoli**. Die Make-ups bei Koko, Tezenis, ein Disney Store für die Kleinen und das Kaufhaus Coin warten an der Verbindungsachse vom ****Dom Santa Maria del Fiore** › S. 62 zum ****Palazzo Vecchio** › **S. 68**. Vom ***Ponte Vecchio** › **S. 72** gelangt man dann über die **Via Por Santa Maria** mit H&M, Benetton und Champion in die **Via Calimala** mit Zara, Geox, Puma bis zur **Piazza della Repubblica** › **S. 77** mit dem Kaufhaus La Rinascente und zur **Via Roma** mit Sisley und Replay an der Ecke Via de' Pecori. Schauen und feilschen können Sie am **Straßenmarkt San Lorenzo** und dann hinter der **Zentralen Markthalle** › **S. 86**, einer eleganten Eisen- und Glaskonstruktion von 1870, den Abend ausklingen lassen.

3.Tag: Auf wunderschöne alte Dinge fällt der Blick am dritten Tag. Im Süden der **Piazza Santa Maria Novella** › **S. 113** schauen Sie in der **Via de' Fossi** › **S. 111** in Schaufenster mit Renaissancetruhen, Ölgemälden, Statuen oder modernen Vasen, die jedem Museum zur Ehre gereichten. Auch im **Borgo Ognissanti** schweifen Ihre Augen über antikes Mobiliar, herrliche Keramiken und Bilder. Spazieren Sie ein wenig durch die Gassen des Viertels, etwa in die **Via della Porcellana** oder die **Via del Palazzuolo.** Hier können Sie Rahmenschnitzern bei der Arbeit zusehen. Ihre Mittagspause halten Sie noch im Viertel, am Nachmittag bieten die Antiquare in der **Via Maggio** › **S. 123** in Oltrarno kostbare Möbel, Statuen und Gemälde in alten Renaissancepalästen. Zwischendurch genießen Sie die traumhaften *Pasticcini* und Schokoladenpralinen im **Dolcissima** › **S. 122,** abends speisen Sie im Viertel.

4.Tag: Im **Oltrarno** › **S. 116** haben Sie am vierten Tag die Qual der Wahl: Hier gibt es viele kleine Läden für Schmuck, Stoffe und Mode, Bilderrahmen und Eisenobjekte, Holzarbeiten und Mosaikkunst. Schlendern Sie durch die Straßen, auch in die kleinen Seitengassen, und Sie finden immer wieder Handwerker, Künstler und Kreative, die Schönes, Interessantes, Traditionelles und Modernes schaffen. Beginnen Sie gegenüber dem ****Palazzo Pitti** › **S. 118** mit feinsten Mosaikarbeiten (Pitti Mosaici, Piazza dei Pitti 23r) und zauberhaftem Papier (Giannini › **S. 107**), im Sdrucciolo de' Pitti mit Kreationen aus Silber (Zaccaro › **S. 123**) und feingewebten Stoffen (Telerie Toscane › **S. 107**). Wandern Sie über die Via Toscanella mit den originellen Eisentieren (Giachetti › **S. 123**) zur Via Santo Spirito. Ob Sie nun Holzarbeiten lieben (Castorina › **S. 106**), den Chic geschneiderter Damenmode (Quelle Tre › **S. 32**), ungewöhnliche Accessoires (Caputi › **S. 31**) oder alte Druck- und Grafikerkunst (L'Ippogrifo › **S. 33**): Hier sind Sie richtig.

Auch im anschließenden **Borgo San Frediano** › **S. 122** begegnen Sie Handwerkern und Künstlern (Giannini-Kuwata › **S. 126**; Romanelli › **S. 107**). Zu exklusiven Stoffen (Antico Setificio Fiorentino › **S. 107**) und bronzenen Lampen (Ugolini › **S. 34**) wandern Sie noch ein bisschen weiter.

An der Porta San Frediano fährt der Bus D ins **Viertel San Niccolò** › **S. 127.** Auch hier lohnt ein Streifzug durch die Gassen, etwa in die Via de' Bardi zu wunderschönem gebundenem Papier (Il Torchio › **S. 107**) und exklusiven Schuhen (Stefano Bemer › **S. 31**). Sicher werden Sie selbst noch viel mehr Interessantes entdecken. Für einen Aperitif und das Abendessen bleiben Sie gleich im Viertel, wo es genügend Gelegenheiten für einen gemütlichen wie genussvollen Ausklang des Tages gibt (Restaurant-/Nightlife-Tipps › **S. 128**).

Die Pariser Hallen waren Vorbild für die Markthalle San Lorenzo

Klima & Reisezeit

Die Kessellage beeinflusst das Klima der Stadt. Im Frühjahr und Herbst halten die Hügel die kalten Fallwinde vom Apennin her ab, in den Sommermonaten verwandeln sie Florenz in eine Sauna. Oft erreicht tagelang kein Lufthauch die Innenstadt, knapp 40 °C sind dann nicht selten.

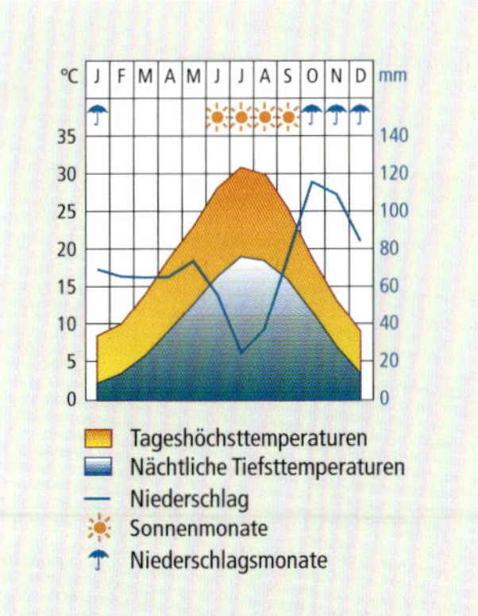

Zwar kann die Stadt im Winter mit herrlich warmen Sonnentagen aufwarten, aber auch nasskalte Regentage zählen zu den Erscheinungen dieser Jahreszeit. Dennoch: Kunstliebhaber sollten Florenz im **Winter** besuchen. Dann besteht die Chance, Michelangelos Meisterwerke in Ruhe (beinahe) alleine zu betrachten. Im **Frühjahr** und **Herbst** lockt das angenehme Klima Reisegruppen aus aller Welt in die Kirchen und Museen, doch sollte der Regenschirm im April und Oktober mit im Gepäck sein. Schon im Frühjahr – und erst recht über Ostern – bilden sich vor den bekanntesten Kunstdenkmälern und -galerien, z.B. an der Piazza della Signoria, Warteschlangen von beträchtlicher Länge. Wer im Dom gleichzeitig von drei Reiseleitern beschallt wird, verfügt wohl kaum über die Muße, die Kunstschätze angemessen auf sich wirken zu lassen. Im Juni oder September kann man einen Badeurlaub am Meer gut mit einem Kulturtrip nach Florenz verbinden.

Jeden Abend eine andere kulturelle Veranstaltung, tagsüber oft unerträgliche Hitze – ob die Stadt im **Hochsommer** eine Reise wert ist, muss jeder für sich entscheiden. Im Juli und August kehren die Stadtbewohner – wenn möglich – ihrer heißen Stadt in Richtung Meer oder Berge den Rücken. Wer hier bleibt, kann aus einem reichhaltigen Programm auswählen: Jazz-, Rock- und Klassikkonzerte, Theater- und Ballettaufführungen, Kino im Freien und zahlreiche Flaneure bringen nachts Leben in die am Tag vor sich hindösende Stadt.

SEITENBLICK

Sommer-/Winterspecials

Erst-klassig

Im Juli und August bieten viele Hotels günstige Festpreise für ein Doppelzimmer, inklusive Extras wie Bus- oder Museumstickets. Preiswerte Angebote gibt es auch in der Zeit von Mitte Januar bis ca. drei Wochen vor Ostern. Informationen unter: www.firenzeturismo.it

Anreise

Mit der Bahn

Von München und Wien verkehren nachts durchgehende Züge nach Florenz. Sie halten am Bahnhof Firenze Santa Maria Novella (Firenze S.M.N.). Florenz hat zwei weitere Bahnhöfe: Firenze Rifredi und Firenze Campo di Marte. Reisende aus München steigen in Verona oder Bologna, aus Wien in Venedig/Mestre, aus dem Westen Deutschlands und aus Zürich in Mailand um. Im Sommer gibt es Autoreisezüge von Wien nach Livorno (www.oebb.at), von Hamburg, Hildesheim, Neu-Isenburg und von Düsseldorf ganzjährig nur bis Norditalien (www.dbautozug.de).

Mit dem Auto

Von der gebührenpflichtigen Autostrada del Sole führen die Ausfahrten Firenze-Nord, Firenze-Scandicci, Firenze-Impruneta und Firenze-Sud in die Stadt. Die Innenstadt ist für den privaten Autoverkehr gesperrt, Parkplätze für Touristen am Rande des Zentrums sind blau gekennzeichnet und gebührenpflichtig. Es gibt Sondertarife für Reisende, die in Florenz übernachten. Infos unter www.firenzeparcheggi.it (nur ital.).

Vorsicht beim Abstellen des Wagens: Die Straßen werden nachts gereinigt und geparkte Fahrzeuge abgeschleppt. Auf Schildern sind die Nächte angegeben, in denen die jeweilige Straße an der Reihe ist.

Mit dem Flugzeug

Florenz hat den kleinen Flughafen Amerigo Vespucci in Peretola (6 km vom Zentrum; www.aeroporto.firenze.it). Direktflüge gibt es ab Hamburg, Berlin, Düsseldorf, München, Stuttgart, Frankfurt/M., Wien, Zürich und Genf. Der nächste größere Flughafen Galileo Galilei im 80 km entfernten Pisa (www.pisa-airport.com) wird im Sommer und Winter direkt von Hamburg/Lübeck, Berlin (Schönefeld), Köln-Bonn, Düsseldorf-Weeze, Frankfurt/Hahn, Leipzig-Halle, Nürnberg und München angeflogen.

Verbindungen zum Hauptbahnhof Florenz: ab Flughafen Florenz mit Volainbus (6 €, www.ataf.net); Taxi werktags 6–22 Uhr 20 €, So, Fei 22 €, nachts 23,30 €, + 1 € pro Gepäckstück.

Vom Flughafen Pisa: mit der Bahn vom Aeroporto Pisa für 7,90 € (www.trenitalia.com), mit dem Bus 4,99 € (www.terravision.eu).

Mit dem Bus

Einmal wöchentlich verkehrt ein Fernreisebus zwischen Hamburg und Florenz (Preis 118 € für eine einfache Fahrt, 209 € für Hin- und Rückfahrt), zweimal wöchentlich von München (Preis 78 € bzw. 140 €); Abfahrt auch in vielen weiteren deutschen Orten, etwa von Berlin, Frankfurt oder Stuttgart (Informationen unter: www.eurolines.de).

Busreisen von Österreich und der Schweiz nach Florenz haben im Sommer verschiedene Gesellschaften im Angebot. Informationen erhält man u.a. unter: www.eurolines.at und www.sellittocom.

Stadtverkehr

Die historische Altstadt ist überwiegend Fußgängerzone, weite Teile des Zentrums sind für private Autos gesperrt. Alle großen Sehenswürdigkeiten sind zu Fuß erreichbar. Das gut ausgebaute Bussystem ergänzen im Zentrum elektrische Minibusse C1, C2, C3 und D. Vom Hauptbahnhof fährt die Straßenbahnlinie 1 *(tramvia)* in den Südwesten der Stadt und hält u.a. am Cascine-Park (Info-Stellen der ATAF im Bahnhof, bei den Fahrkartenschaltern, dort gratis Busnetzplan, www.ataf.net).

Mit Bussen unterwegs

Tickets für die orangefarbenen Stadtbusse – z.B. 90-Min.-Ticket für 1,20 €, Tageskarte für 5 €, 3-Tageskarte für 12 €, – erhält man in Bars, Tabacchi-Geschäften und an Kiosken. Die Tickets müssen im Bus entwertet werden. Wer eine Stadtrundfahrt (s.u.) bei Firenze-City-Sightseeing macht, kann für die Geltungsdauer des Sightseeing-Bus-Tickets auch die ATAF-Busse gratis benutzen.

Die Gesellschaft Lazzi (www.lazzi.it) fährt mit ihren Bussen alle Orte in der Umgebung von Florenz an. Die Fahrpläne Richtung Empoli finden Sie unter www.piubus.it, Richtung Pistoia unter www.blubus.it, Richtung Meer www.vaibus.it, ins Valdarno www.etruriamobilita.it, Richtung Prato www.capautolinee.it, ins Mugello www.amvbus.it, Richtung Chianti www.acvbus.it sowie www.trainspa.it.

Stadtrundfahrt im Doppeldeckerbus

Stadtrundfahrten

Erst-! klassig

Stadtrundfahrten kann man im offenen Doppeldeckerbus unternehmen, bei dem man jederzeit zu- und aussteigen kann; Ticket 25 €, Kinder 5–15 Jahre 12,50 €, gültig 2 Tage (auch 1 Tag oder 3 Tage), am 1. Tag auch in den ATAF-Bussen, Tagestickets sind im Winter günstiger; Piazza Stazione 1, Informationen über die Strecken und Haltestellen im Internet (www.firenze.city-sightseeing.it) und unter Tel. 0 55 29 04 51.

Im Ruderboot geht es unter den Arnobrücken hindurch: Abfahrt für die 50-minütige Tour ist am Lungarno Generale Diaz. Die Tickets kosten 12 €, für Kinder bis 14 Jahre 5 € (Mai–Sept. Anmeldung unter: Tel. 34 77 98 23 56, www.renaioli.it). Erst-klassig

Fahrrad- und Rollerverleih

Warum nicht die Stadt und ihre Umgebung mit dem Zweirad erkunden? Auf der Website www.firenzeinbici.net/firenze/piste_ciclabili/mappa.aspx der *Comune di Firenze* (Stadt Florenz) ist eine Karte der *Piste Ciclabili,* d.h. der mit dem Rad befahrbaren Strecken, abrufbar. Fahrradverleih z.B. bei:

Alinari

Verleih von Fahrrädern, Motorrollern und Motorrädern.

▮ Via San Zanobi 38r | Tel. 0 55 28 05 00 | www.alinarirental.com

Florence by Bike

Radtouren in der Stadt, Ausflüge, Fahrradverleih.

▮ Via S. Zanobi 54r | Tel./Fax 0 55 48 89 92 | www.florencebybike.it

milleeunabici

Standorte: Hauptbahnhof, Mercato Sant'Ambrogio und Piazza Santa Croce, Mo–Sa März–Okt. 8–19 Uhr, Nov.–Feb. 10–17 Uhr, So, Fei geschl.

Radverleih der Stadt. Die Leihgebühren betragen für eine Stunde 2 €, für 5 Stunden 5 €, für einen Tag 10 €.

▮ www.bicifirenze.it | Tel. 05 56 50 52 95

Mit dem Taxi

Die innerstädtischen Preise beginnen bei 3,30 € werktags; eine Fahrt kostet mindestens 5 €, jeder Kilometer 0,91 € bis hin zu 1,64 € bei außerstädtischen Fahrten. Für bestimmte Strecken sind Fixpreise festgelegt. Es gelten Sondertarife für Frauen zwischen 21 und 2 Uhr. Die Taxis müssen auf dem Auto die gelbe Aufschrift *Comune di Firenze* mit der Nummer des Fahrzeugs angebracht haben. Informationen erhalten Sie unter www.4390.it und www.socota.it. Taxiruf unter: Tel. 0 55 42 42, 0 55 43 90, 0 55 47 98.

Mit dem Mietwagen

Sowohl am Flughafen in Florenz und Pisa als auch in der Stadtmitte von Florenz sind die großen Mietwagenfirmen (Sixt, Hertz, Avis, Europcar, Maggiore u.a.) vertreten. Bei der Reiseplanung ist zu beachten, dass die Buchung eines Mietautos häufig in Kombination mit einem Flugticket günstiger ist. Pro Tag ist für einen Mittelklassewagen mit ca. 60 € zu rechnen.

SPECIAL

Mit Kindern in der Stadt

Florenz mit Kindern? Bürgersteige, die nicht einmal die Breite eines Buggys aufweisen und Motorroller aus allen Richtungen, dazu stundenlange Besichtigungen von Kirchen und Renaissancepalästen … ein Wahnsinn! Dennoch behalten vor allem die Kleinen Florenz meist in bester Erinnerung, und das wird nicht nur an den unzähligen Eisdielen liegen.

Der Verkehr ist, entgegen dem ersten Eindruck, für Familien mit kleineren Kindern kein Problem, denn das Zentrum von Florenz gilt als Italiens größte Fußgängerzone. Fast der gesamte Innenstadtbereich zwischen Dom, Via del Proconsolo, Arno und Piazza della Repubblica wurde ebenfalls zur Fußgängerzone erklärt.

Ludotheken, Spielplätze und kleine Museen

Schon immer war das Ospedale degli Innocenti auf der Piazza SS. Annunziata den Kindern vorbehalten. Das antike Gebäude beherbergt auch heute noch eine öffentliche **Ludothek** (Bottega dei Ragazzi). Dort sorgen Lese-, Spiel- und Krabbelräume für Abwechslung. Auch während des Umbaus des Ospedale degli Innocenti bietet die Ludothek weiterhin ihre Aktivitäten an.

Interessante Spielplätze findet man im Park der Piazza d'Azeglio (Nähe Synagoge), an der Piazza Tasso, im Park Borgo Allegri 18, an der Piazza Ciompi und einen kleinen an der Piazza della Indipendenza. Informationen über alle Florentiner Grünflächen mit Spielplatz findet

 Bild oben: In den Eisdielen von Florenz gibt es köstliche Eissorten

man unter http://verdeonweb.comune.fi.it.

Oder möchten die Kinder vielleicht lieber die von Leonardo da Vinci ersonnenen Maschinen in der **Galleria Michelangiolo** › S. 92 bzw. im Museum **Leonardo da Vinci** › S. 89 bewundern, die erstaunlichen Schrumpfköpfe des **Museo di Antropologia** › S. 98 oder einen lebensgroßen Reiterzug im Waffensaal des **Museo Stibbert?** Viele der äußerst interessanten kleineren Museen eignen sich für den Besuch mit Kindern schon deshalb, weil man den Touristenströmen aus dem Wege geht.

Sind die kürzeren Beine am Ende müde, kann man den Tag beispielsweise mit einer gemütlichen **Kutschfahrt** durchs Zentrum abschließen. Die Pferdchen warten vor dem Baptisterium sowie auf der Piazza della Signoria.

- **Bottega dei Ragazzi**
  Via dei Fibbiai 2
  (Piazza SS. Annunziata)
  Voranmeldung (für Kinder 6–11 Jahre) erbeten unter Tel. 05 52 47 83 86 bzw.
  bottega@istitutodeglinnocenti.it
  www.istitutodeglinnocenti.it
  Mo–Fr 9–13, 16–19,
  Sa 10–13, 16–19, letzter So im Monat 10–13 Uhr, Aug. geschl.
- **Museo Stibbert**
  Via F. Stibbert 26
  www.museostibbert.it
  Kasse Mo–Mi 10–13, Fr–So 10–17 Uhr, Führungen jede Stunde, Japanabteilung Fr 15, Sa 11, So 15 Uhr nach Reservierung unter Tel. 0 55 47 55 20, Eintritt 8 €, bis 11 Jahre 6 €; Bus 4 ab Bahnhof bis Haltestelle Gioia.

Auf die Domkuppel

Für alle, die das touristische Kulturprogramm der Kinder wegen etwas auflockern möchten, empfiehlt sich die Besteigung der Domkuppel. Eine aufregend ausgetretene schmale Treppe führt zwischen den beiden Kuppelschalen sicher nach oben bis hinauf zur Laterne. Nach dem anstrengenden Aufstieg über mehr als 400 Stufen belohnt dann der unvergleichliche Ausblick über die Stadt (Mo–Fr 8.30–19, Sa bis 17.40 Uhr, Kassenschluss 40 Min. früher, Eintritt ab 6 Jahre 8 €).

Schwimmbäder

- **Bellariva,** Lungarno
  Aldo Moro 6 | Tel. 0 55 67 75 21.
- **Costoli,** Tel. 05 56 23 60 27, am Viale Paoli, beim Stadion Campo di Marte, das größte Freibad der Stadt. Übrigens: Beide Bäder sind überdacht und haben den Hallenbadbereich auch im Winter geöffnet.

Bambini-Informationen

- In allen **staatlichen und kommunalen Museen** ist für EU-Bürger unter 18 Jahren der Eintritt frei; in den meisten **Kirchen** zahlen Kinder erst ab 12 Jahren; auch Familienkarten gibt es immer öfter › S. 138.
- Infos zu **Kindertheater, Events für Kinder** u.a. findet man in der Rubrik »Ragazzi« des Veranstaltungsmagazins »Firenze Spettacolo«.
- Öffentliche Toiletten mit **Baby-Wickelplatz:** Piazza San Giovanni 7 (Baptisterium), im Markt Sant'Ambrogio sowie am Piazzale Kennedy (Cascine-Park).
- Schöne Spielzeugläden › S. 35

Unterkunft

Wohnen in einem Renaissancepalast? In Florenz und Umgebung kein Problem, wenn man über das nötige Kleingeld verfügt! Doch Florenz bietet auch günstigere Unterkünfte bis hin zur Jugendherberge und zum Campingplatz. Stark im Kommen ist Bed & Breakfast. Während der Hauptreisesaison, im Frühjahr und Herbst, ist eine Reservierung unbedingt nötig, ebenso während der großen Kulturevents › S. 54 sowie zu den Modemessen. Im Hochsommer bieten viele, auch sonst teure Hotels Preisnachlässe und Last-Minute-Angebote.

Erst-klassig

Kostenlose Hotelreservierungen in Florenz tätigt

Florence Planet

In der Touristeninformation gegenüber dem Bahnhof Santa Maria Novella › S. 138.

- www.firenzealbergo.it
- Mo–Sa 9–19, So 9–13 Uhr

Luxuriöse Hotelklassiker

Westin Excelsior

Elegantes Fünf-Sterne-Hotel in einem Patrizierpalast direkt am Arno bei der Kirche Ognissanti. Luxuriöse Ausstattung und exzellenter Service, auch *Personal Shopping*-Begleiter.

- Piazza Ognissanti 3
- Tel. 05 52 71 51
- www.westinflorence.com

Helvetia & Bristol ●●●

Stilvolles Grandhotel bei der Piazza della Repubblica; der exklusive Wintergarten hatte es bereits Schauspieler Gary Cooper angetan.

- Via dei Pescioni 2 | Tel. 05 52 66 51
- www.royaldemeure.com

Porta Rossa ●●●

Im Palazzo Torrigiani übernachtet man seit 1386 im zweitältesten Hotel Italiens. Es ist mitten im Zentrum beim Palazzo Davanzati gelegen.

- Via Porta Rossa 19
- Tel. 05 52 71 09 11
- http://nhportarossa.hotelinfirenze.com/

Mittelklasse

Loggiato dei Serviti ●●–●●●

Das an einem zauberhaften Platz gelegene Haus besitzt exquisit eingerichtete Zimmer.

- Piazza SS. Annunziata 3
- Tel. 0 55 28 95 92
- www.loggiatodeiservitihotel.it

Monna Lisa ●●–●●●

Edle Zimmer in einem Palast des 14. Jhs., in der Nähe des Teatro Pergola. Im Haus bietet die American Bar Unterhaltung.

- Borgo Pinti 27
- Tel. 05 52 47 97 51
- www.monnalisa.it

Morandi alla Crocetta ●●–●●●

Das kleine, familienfreundliche Hotel bei San Marco befindet sich in den Gemäuern eines alten Konvents.

- Via Laura 50
- Tel. 05 52 34 47 47
- www.hotelmorandi.it

Roma ●●–●●●
Angenehmes Hotel an der schönen Piazza in Bahnhofsnähe.
Piazza Santa Maria Novella 8
- Tel. 0 55 21 03 66
- www.hotelromaflorence.com

Orto dei Medici ●–●●●
Bemalte Decken und Stuckornamente zieren dieses kleine Hotel in der Nähe des Marktviertels.
- Via S. Gallo 30
- Tel. 0 55 48 34 27
- www.ortodeimedici.it

Einfach und gut

Fiorino ●●
Kleines, ruhiges Hotel nahe des Palazzo Vecchio.
- Via Osteria del Guanto 6
- Tel. 0 55 21 05 79
- www.hotelfiorino.it

La Scaletta ●●
Gleich beim Palazzo Pitti und den Boboli-Gärten gelegenes Hotel mit herrlicher Dachterrasse und Frühstücksbuffet.
- Via Guicciardini 13
- Tel. 0 55 28 30 28
- www.hotellascaletta.it

Centro ●–●●
Das Haus, in dem einst Raffael lebte, ist heute ein kleines Hotel mit hellen, freundlichen Zimmern; nicht weit von San Lorenzo gelegen.
- Via de' Ginori 17
- Tel. 05 52 30 29 01
- www.hotelcentro.net

Santa Croce ●–●●
Nettes, unprätentiöses Hotel in unmittelbarer Nähe zur Kirche Santa Croce.

Preiswert und mit Charme übernachten

Erst-! klassig

- **Palazzo dal Borgo Hotel Aprile ●●**
  In stilvoll eingerichteten Zimmern schläft man in dem Palazzo dal Borgo aus dem 15. Jh. Sehr romantisch ist der kleine Innenhofgarten.
  Via della Scala 6 | Tel. 0 55 21 62 37
  www.hotelaprile.it
- **Hotel Relais Il Cestello ●●**
  Einst war das Haus eine alte Post- und Kutschenstation, heute beherbergt es ein kleines Hotel mit zehn schönen Zimmern im Viertel San Frediano, mit Blick auf den Arno.
  Piazza di Cestello 9
  Tel. 0 55 28 06 32
  www.hotelrelaisilcestello.com
- **Orcagna ●●**
  Angenehm freundlich ist die Atmosphäre. Alle 18 Zimmer sind adrett eingerichtet und ruhig. Das Haus liegt in einem Wohnviertel.
  Via Orcagna 57 | Tel. 0 55 66 99 59
  www.hotelorcagnafirenze.it
- **Hotel Annalena ●–●●**
  Direkt beim Giardino di Boboli liegt dieses romantische, ruhige Hotel, beim Frühstück auf der Terrasse blickt man wunderschön ins Grüne.
  Via Romana 34 | Tel. 0 55 22 24 02
  www.annalenahotel.com
- **Sampaoli ●**
  Das kleine Hotel Sampaoli mit nur zwölf hellen, nett eingerichteten, sauberen und ruhigen Zimmern ist ein freundlicher Familienbetrieb nicht weit von der Kirche San Lorenzo.
  Via San Gallo 14 | Tel. 0 55 28 48 34
  www.hotelsampaoli.it

Wunderschönes Zimmer in der Villa Torre di Bellosguardo

- Via dei Bentaccordi 3
- Tel. 0 55 21 70 00
- www.hotelsantacroce.it

Residenza Johanna II ●
Bezaubernd eingerichtete kleine Hotels in alten Florentiner Palazzi, nördlich der Fortezza da Basso und südwestlich der Piazza della Libertà gelegen.
- Via delle Cinque Giornate 12
- Tel. 0 55 47 33 77
- Via Bonifacio Lupi 14
- Tel. 0 55 48 18 96
- www.johanna.it

An der grünen Peripherie

Torre di Bellosguardo ●●●
Erst-! klassig
Von dieser auf einem Hügel etwas südlich des Zentrums gelegenen Villa des 15. Jhs. mit großartigen, jeweils individuell gestalteten Zimmern genießt man einen herrlichen Ausblick auf die Stadt.
- Via Roti Michelozzi 2
- Tel. 05 52 29 81 45
- www.torrebellosguardo.com

Villa Le Rondini ●●●
Die gepflegte Landvilla mit gut ausgestatteten Zimmern liegt ca. 6 km nordöstlich von Florenz. Dazu garantieren das weitläufige Parkareal und das eigene Restaurant einen angenehmen Aufenthalt.
- Via Bolognese Vecchia 224
- Tel. 0 55 40 00 81
- www.villalerondini.it

Jugendherbergen

Archi Rossi ●
Neuere Herberge nahe dem Bahnhof. Der Übernachtungspreis schließt freien Internetzugang und einen geführten Stadtrundgang ein.
- Via Faenza 94r
- Tel. 0 55 29 08 04
- www.hostelarchirossi.com

Villa Camerata ●
Die schöne Villa ist im Stadtteil Campo di Marte, in Richtung Fiesole gelegen. Zugehörig ist ein Campingplatz (ganzjährig geöffnet).
- Viale Augusto Righi 2/4
- Tel. 0 55 60 14 51
- www.ostellofirenze.it

Santa Monaca ●
Zimmer in einem ehemaligen Kloster aus dem 14. Jh. im Viertel Oltrarno nahe der Piazza S. Spirito.
- Via S. Monaca 6
- Tel. 0 55 26 83 38
- www.ostellosantamonaca.com

Essen & Trinken

Einfach, ohne ausgefallene Soßen und ohne extravagante Kreationen: Die toskanische Küche bewahrt ihre bäuerlichen Anklänge. Hier ein bisschen Rosmarin, dort ein wenig Knoblauch, die frischen Zutaten sollen ihr Aroma voll zur Geltung bringen. In der Toskana ist selbst das Brot salzlos. Wenn es in die Bratensoße getaucht wird, wenn eine kräftige *finocchiona* (Salami mit Fenchelsamen) darauf liegt oder das köstliche Olivenöl in die weiche Krume eindringt, trägt es dazu bei, deren Eigengeschmack zu unterstreichen.

Frisches Gemüse wie Zucchini, Auberginen, Artischocken, Paprikaschoten, Spinat, Mangold, Fenchel, aber auch Kohlsorten, Hülsenfrüchte sowie kräftige Fleischstücke – die Basiselemente der toskanischen Küche sind rasch aufgezählt. Vermissen Sie die Nudeln? Die Toskaner lieben Suppen, die Pasta aus dem Süden und die Polenta des Nordens führen hier eher ein Schattendasein.

Man beginnt die Mahlzeit mit Crostini, gerösteten und mit Leberpastete, Pilzen oder Tomaten belegten Weißbrotscheiben. *Bruschette* und *fettunte*, oft nur in Olivenöl getaucht und mit Knoblauch eingerieben, schmecken als Antipasti. Bei den warmen Vorspeisen *(primi piatti)* ist die Ribollita, aus Gemüse, Kohl und Brot, mit Olivenöl abgeschmeckt, eine Köstlichkeit. *Pasta e fagioli*, ein Nudel-Bohnen-Eintopf, und Pappardelle mit Hasenragoutsoße *(sugo di lepre)* heißen die wenigen traditionellen florentinischen Nudelgerichte.

Erst-! klassig

Als Hauptspeise *(secondo)* bevorzugen die Florentiner Fleisch. Vegetarier können auf *tortino di carciofi*, eine Art Omelett mit Artischocken, oder auf Pilze vom Holzkohlengrill *(funghi alla griglia)* ausweichen. *Lampredotto*, gekochter Kuhmagen, und *trippa*, gekochte Kutteln in Tomatensoße mit viel Parmesan, schmecken auch in einem *Panino* im Stehen und bilden das typische Florentiner Streetfood.

Hase *(lepre)*, Wildschwein *(cinghiale)* oder Fasan *(fagiano)* wandern in Eintopfgerichte *(in umido)*; Kaninchen *(coniglio)* mundet frittiert *(fritto)* am besten. *Arista*, ein Schweinebraten mit Kräutern aus dem Ofen, und die berühmte (mit Knochen zubereitete) *Bistecca alla fiorentina* sind traditionelle Fleischgerichte. Als Beilage *(contorno)* werden gern *fagioli all' uccelletto*, weiße Bohnen in Tomatensoße, oder *verdure fritte* (frittiertes Gemüse) serviert.

Und was wäre ein Essen ohne den vollmundigen Chianti-Wein? Die Toskana bietet eine große Vielfalt an Spitzenweinen. Seit über 30 Jahren pflanzen die führenden Winzer auch unklassische Rebsorten wie Chardonnay, Sauvignon oder Cabernet. Die großen Weingüter haben innovative Önologen eingestellt. Dies hat dazu geführt, dass die toskanischen Weine auf breiter Ebene einen Qualitätssprung gemacht haben.

Viele der innovativen Winzer setzten auf ein individuelles Produktimage, trotzten der Massenproduktion und brachten ihre neuen Kreationen als *Vini da Tavola* (Tafelweine) auf den Markt. So geschah es, dass einige der besten und teuersten Weine als Vini da Tavola in den Handel kamen, etwa der berühmte Sassicaia, einer der ganz großen Rotweine Italiens. Wegbereiter der großen neuen Rotweine der Toskana war der **Tignanello**. Wie inzwischen fast alle Spitzenprodukte reift er in Barriques, kleinen Eichenfässern. Zu den roten Spitzenweinen gehören auch der **Brunello di Montalcino**, der **Vino Nobile di Montepulciano**, der **Chianti Classico** und die **Carmignano-Weine**. Weißwein ist durch den **Vernaccia di San Gimignano** vertreten. Neben ihm und **Montecarlo Bianco** ist auch **Galestro** ein leichter Weißer, der überwiegend aus Trebbiano-Trauben gekeltert wird. Der Dessertwein **Vin Santo** überrascht mit einer breiten Geschmackspalette, von herb bis lieblich. Meist wird er mit *Cantuccini* (Mandelgebäck) serviert.

Erst-! klassig

Erlesene Tafelfreuden

Enoteca Pinchiorri ●●●
Feinschmeckerlokal der Spitzenklasse: raffinierte toskanische Küche, große Weinkarte. Reservierung unbedingt ratsam.
- Via Ghibellina 87 (Nähe Santa Croce)
- Tel. 0 55 24 27 77
- www.enotecapinchiorri.com
- So, Mo geschl., nur abends geöffnet.

Alle Murate ●●●
Große Auswahl toskanischer Speisen; das Interieur vereint modernes Mobiliar und Fresken des 14. Jhs. Mittags wird ein günstiges Tagesgericht angeboten.
- Via del Proconsolo 16r
- (Nähe Bargello) | Tel. 0 55 24 06 18
- www.allemurate.it | Mo geschl.

Typisch toskanisch

Mamma Gina ●●●
Bei Mamma Gina wird eine gehobene Küche der Region in einem Palast des 15. Jhs. serviert.
- Borgo San Jacopo 37r (Nähe Santo Spirito) | Tel. 05 52 39 60 09
- www.mammagina.it | So geschl.

Erst-! klassig

Dino ●●–●●●
Hervorragende Küche, basierend auf überlieferten Rezepten, erlesene Weine.

Erst-! klassig

Gut und günstig essen

- Bei **I due Fratellini** kann man an Werktagen wie die Florentiner eine günstige Mittagspause halten › S. 66.
- In der Mozzarella-Bar **Obikà** lassen sich die weißen Kugeln in feinster Ausführung genießen › S. 78.
- In der **Casa del Vino,** einer Florentiner Institution, kann man fantastische Panini zu exzellentem Wein verzehren › S. 84.
- Herrliche Pizza und typische Florentiner Küche kommen in der **Trattoria da Garibardi** auf den Tisch › S. 86.
- Versäumen Sie es nicht, das günstige Mittagsbuffet im **Teatro del Sale** zu kosten › S. 105.
- Im Stadtteil Oltrarno sollte man bei **Gustapizza** unbedingt die absolut wohlschmeckende Holzkohlenofenpizza probieren › S. 124.

- Via Ghibellina 47r (Nähe Santa Croce)
- Tel. 0 55 24 14 52
- www.ristorantedino.it
- So, Mo Mittag geschl.

Enoteca Pane e Vino ●●–●●●

Typische Florentiner Speisen mit Fantasie, elegantes, informelles Ambiente.

- Piazza di Cestello 3r (Nähe San Frediano) | Tel. 05 52 47 69 56
- www.ristorantepaneevino.it
- Nur abends, So geschl.

Latini ●●–●●●

Klassische toskanische Küche in rustikalem Ambiente.

- Via Palchetti 6r (Nähe Palazzo Rucellai) | Tel. 0 55 21 09 16
- www.illatini.com | Mo geschl.

Cantinone ●●

Uriges größeres Kellerlokal mit typisch toskanischer Küche.

- Via S. Spirito 6r | Tel. 0 55 21 88 98
- www.ilcantinonedifirenze.it
- Mo geschl.

Trattoria NapoLeone ●●

Pizza, Pasta und Bistecca in schönem Interieur und auf der Piazza.

- Piazza del Carmine 24
- (Nähe Santa Maria del Carmine)
- Tel. 0 55 28 10 15
- www.trattorianapoleone.it
- Tgl. 19–1 Uhr.

Osteria e Pizzeria dei Centopoveri ●●

Bietet seit 1910 ausgezeichnete toskanische und mediterrane Küche; günstige Mittagsgerichte.

- Via Palazzuolo 31r/Via della Porcellana 41r (Nähe Ognissanti)
- Tel. 0 55 21 88 46
- www.centopoveri.it

Bistro del Mare ●●–●●●

Schickes Bistro, exzellente Meeresfrüchte, netter Service.

- Lungarno Corsini 4r
- (Nähe Santa Trinita)
- Tel. 05 52 39 92 24
- www.bistrodelmare.it | Mo geschl.

Einfach und gut

Cibrèo ●–●●

Beim berühmten Restaurant lockt die zugehörige kleine Osteria (Via de' Macci 117r) z.B. mit *baccalà alla livornese* (Stockfisch in Tomate) und köstlichen Desserts.

- Via del Verrocchio 8r
- (Nähe Sant'Ambrogio)
- Tel. 05 52 34 11 00
- www.edizioniteatrodelsalecibreofirenze.it | Mo geschl.

Baldovino ●–●●

Hier kann man die gute toskanische Küche oder auch nur einen Salat bestellen.

- Via S. Giuseppe 18r
- (Nähe Santa Croce)
- Tel. 0 55 24 17 73
- www.baldovino.com
- Im Winter Mo geschl.

SEITENBLICK

Trinkgeld

In Italien ist auf der Rechnung meist zusätzlich ein Betrag für *pane e coperto* (Brot und Gedeck) ausgewiesen (1–3 €/Person), manchmal auch ein Betrag für Bedienung (*servizio,* 10–15 % der Summe). Rechnungen werden tischweise gestellt.

Il Santo Bevitore ●
Rustikale Weinbar, feine Wurst- und Käsewaren, toskanische Spezialitäten.
- Via di S. Spirito 66r
- Tel. 0 55 21 12 64
- www.ilsantobevitore.com
- Im Winter So mittags geschl.

Enoteca Boccadama ●
Feine toskanische Gerichte zu über 400 Weinsorten; Tische in der Enothek und im Freien.
- Piazza Santa Croce 25r
- Tel. 0 55 24 36 40
- http://boccadama.com
- Dez–Jan. nur Fr–So.

Cantinetta dei Verrazzano ●
Für die kleine Brotzeit und Verrazzano-Wein. Erst-! klassig Köstliche Finocchiona, Salami mit Fenchel.
- Via de' Tavolini 18/20r
- (Nähe Orsanmichele)
- Tel. 0 55 26 85 90
- www.verrazzano.com
- Mo–Sa 8–21 Uhr, So 10–16.30 Uhr

Pizzeria Mastro Ciliegia ●
Nette Pizzeria mit Holzkohleofen; auch Tische im Freien.
- Piazza S. Pier Maggiore 4/5r
- (Ecke Via Palmieri, westl. des Palazzo Nonfinito) | Tel. 05 52 48 04 44
- Im Winter Di geschl.

Mario ●
In der kleinen Trattoria werden ländliche Gerichte serviert.
- Via Rosina 2r (Nähe Markt San Lorenzo) | Tel. 0 55 21 85 50
- www.trattoriamario.com
- So und abends geschl.

Shopping

Artikel aus Leder, elegante Schuhe, Taschen, Gürtel und Geldbörsen, aber auch edle Mode und Accessoires gehören zu den Spitzenprodukten der florentinischen Industrie. Ob ein elegantes Kleid in einer teuren Boutique die Blicke anzieht oder man am Marktstand oder beim Straßenverkäufer ein paar günstige Sandalen erspäht – vor allem Touristinnen werden früher oder später den Versuchungen der *Moda italiana* erliegen.

Erst-! klassig Liebhaber origineller Schreibtischutensilien finden in kleinen Spezialgeschäften die schönsten Objekte aus marmoriertem Papier und mit feinen Mustern verziertes Briefpapier *(carta fiorentina)*. Viele kleine Handwerksbetriebe, *botteghe*, bieten hochwertiges Kunsthandwerk an › **S. 106**.

Daheim tröstet man sich bei zu großer Sehnsucht nach Florenz am besten mit einer mitgebrachten Flasche Chianti, in Öl eingelegten Oliven, Artischocken oder getrockneten Tomaten und einem Salat mit dem toskanischen Olivenöl *extra vergine* (Öffnungszeiten › **S. 139**).

Auch Touristen werden für den KAUF GEFÄLSCHTER MARKENARTIKEL mit hohen Geldbußen bestraft.

Leder & Schuhe

Peruzzi

Peruzzi ist bekannt für seine Lederjacken, -hosen, -taschen und Schuhe.

- Borgo dei Greci 8r–14r
- http://peruzzi-high-fashion.com

Bruscoli Francesco

Das Traditionsgeschäft stellt seit 1881 Schreibtischutensilien aus Leder her.

- Via Montebello 58r

Il Parione 35

Mit einer Ledertasche aus diesem Geschäft fallen Sie sicher auf: Alle Farben des Regenbogens sind hier vertreten!

- Via del Parione 35Ar
- http://ilparione35.com

Stefano Bemer

Handgefertigte stilvolle Schuhe.

- Via San Niccolò 2
- www.stefanobemer.com

Mondo Albion

Verrückte handgemachte Schuhe, auch als Maßanfertigung.

- Via Nazionale 121Ar
- www.mondoalbion.it

Laudato

Erschwingliche handgearbeitete Lederschuhe; große Auswahl an Sandalen.

- Via Santa Monaca 17r

Francesco

Handgefertigte Schuhe in einer urigen Bottega im Viertel San Frediano.

- Via Santo Spirito 62r

Peluso

Italienische Schuhe, gar nicht so teuer.

- Via Proconsolo 49r

Stilvolle Schuhe von Stefano Bemer

Calzoleria Benigni

Elegante Schuhe und Taschen aus eigener Herstellung.

- Via Montebello 54r

Fontanelli

Das traditionsreiche Ledergeschäft lockt seine Klientel mit Handtaschen mit dem besonderen Design an.

- Borgo Ognissanti 80r

Schmuck & Silber

Penko – Bottega Orafa

Goldschmied Paolo Penko kreiert seinen Schmuck mit Techniken der Renaissance. Besonders begehrt sind die Glücksbringer mit Florentiner Motiven.

- Canto de' Rondinelli 14r

Giovanni Manetti

Typischer Florentiner Schmuck.

- Borgo San Jacopo 55r

Angela Caputi

Extravaganter Modeschmuck der bekannten Florentiner Designerin.

- Via Santo Spirito 58r und Borgo SS. Apostoli 42r–48
- www.angelacaputi.com

Köstlichkeiten bei Olio & Convivium

Tharros Bijoux
Modeschmuck – von echtem kaum zu unterscheiden.
- Via Condotta/Ecke Vicolo de' Cerchi 2r und Borgo SS. Apostoli 32r

Saudè
Schmuck aus Leder, mit großen Steinen und viel Metall.
- Via de' Ginori 12r

Mode

Die Boutiquen der italienischen Topdesigner säumen die **Via de' Tornabuoni** und die **Via della Vigna Nuova** sowie die Straßen rund um die Piazza della Repubblica. Junge Mode findet man in der Via Calimala südlich der Piazza und in der Via de' Cerretani beim Dom.

Giorgia Atelier
Individuelle Schneidermode von Giorgia Andreola.
- Via de' Ginori 58r

Loretta Caponi
Erst-! klassig
Exklusive Mode für die Kleinen.
- Via delle Belle Donne 28r
- www.lorettacaponi.com

Principe
Elegante Mode für Sie und Ihn in einem hübschen Geschäft.
- Via del Sole 2
- www.principedifirenze.com

Quelle Tre
Junge, freche Schneidermode.
- Via Santo Spirito 42r

Le Bonille
Chic, tragbar, erschwinglich: für Sie.
- Via de' Tosinghi 42r

Essére
Individuelle, schicke Mode für Frauen.
- Via dell'Agnolo 65r

Patrizia Pepe
Junge Florentiner Mode mit dem gewissen Etwas.
- Piazza San Giovanni 11r

BP Studio
Junge Designer kreieren Bezahlbares für den Alltag mit Eleganz.
- Via della Vigna Nuova 15r

Boutique Luisa
Exzentrische Vitrinen im Inneren der dynamischen Mini-Boutique präsentieren den letzten Schrei der In-Labels.
- Via Roma 19r

Matucci
Ausgesuchte Mode führender Marken mit Pfiff für Sie und Ihn.
- Via del Corso 71r

Prada
Fabrikverkauf des Modelabels.
- Montevarchi (südlich von Florenz)
- Ortsteil Levanella an der SS 69

- Tel. 05 59 19 01
- So–Fr 10.30–19.30, Sa ab 9.30 Uhr

Erst-! klassig Factory Outlets führender Marken findet man rund um Florenz, z.B. von Gucci, Armani, Valentino, Ferragamo. Weitere Infos: www.firenzeturismo.it/shopping-firenze/gli-outlet-una-passione.html Mehrere Outletshops versammeln **The Mall, Fashion Valley** und **Barberino Designer Outlet** › S. 37.

Feine Wäsche & Stoffe

Loretta Caponi
Ausgesuchte Dessous und feine Wäsche.
- Piazza degli Antinori 4r
- www.lorettacaponi.com

Casa dei Tessuti
Immens große Auswahl an Haute-Couture-Stoffen.
- Via de' Pecori 20–24r
- www.casadeitessuti.com

Passamaneria Valmar
Kordeln, Brokatkissen, Bordüren und Schneiderutensilien.
- Via Porta Rossa 53r
- www.passamaneriaonline.it

Bücher

L. Gonnelli & F.
Seit 1875 erwirbt man hier antiquarische Bücher, Drucke und Radierungen.
- Via Ricasoli 14r

Salimbeni
Kunst- und Literaturbände in allen europäischen Hauptsprachen.
- Via Matteo Palmieri 14r

L'Ippogrifo
Feinste Kunstdrucke nach alter Technik.
- Via Santo Spirito 5r
- www.stampeippogrifo.com

Weitere Adressen › S. 88, 126

Für die Schönheit

De Herbore
Tees und Kräuter, Getreide und Hülsenfrüchte aus biologischem Anbau.
- Via del Proconsolo 43r

Delikatessen-Shopping

Erst-! klassig

- **La Bottega dell'Olio**
  Hier hat man die Qual der Wahl: Sehr gutes Olivenöl in 100 Variationen.
  Piazza del Limbo 4r (bei SS. Apostoli)
  www.labottegadelloliofirenze.it
- **Eataly**
  Für Feinschmecker: Delikatessenkette, die Produkte von kleinen Erzeugern und lokale Spezialitäten fördert.
  Via de' Martelli 22r
  www.firenze.eataly.it
- **Olio & Convivium**
  Exzellente Weine und Delikatessen, zum Verspeisen vor Ort oder Mitnehmen, und über 100 herausragende Olivenöle. Mo abends und So geschl.
  Via Santo Spirito 4
  www.conviviumfirenze.it
- Wer durch die **Markthalle von San Lorenzo** spaziert, kommt sicher nicht ohne toskanische Spezialitäten heraus. Besonders gut kann man sich mit Wurstwaren eindecken › S. 86.
- Wer Frisches direkt vom Erzeuger möchte, gern schaut und probiert, dem sei der **Bauernmarkt auf der Piazza della Repubblica** mit lokalen Produkten empfohlen (jeden ersten Sa im Monat) › S. 35 u. 77.

Profumeria Inglese
Edle Düfte seit 1843.
▮ Piazza dell'Olio 6r

Erboristeria Palazzo Vecchio
Kosmetik, Seifen und Parfüms werden unter anmutigen Fresken präsentiert.
▮ Via Vacchereccia 9r

Erboristeria dell'Antica Farmacia del Cinghiale
Kräuter für die Schönheit.
▮ Piazza Mercato Nuovo 4r

Öl, Wein & Delikatessen

Millesimi
Große Auswahl toskanischer Weine.
▮ Borgo Tegolaio 33r
▮ Tel. 05 52 65 46 75
▮ Mo–Fr 14–20, Sa ab 10 Uhr

La Pizzicheria »Mariano«
Eine riesige Auswahl an köstlichen und zudem großzügig belegten Brötchen.
▮ Via del Parione 19r

Pegna
Köstliche eingelegte Artischocken und Pilze, Pastasoßen und edles Olivenöl, Wurstspezialitäten und Kaffee.
▮ Via dello Studio 24r–28r

Fattoria San Michele a Torri
Salami von Schweinen der Rasse Cinta Senese, hausgemachtes Brot, Olivenöl und offenen Biowein gibt es hier.
▮ Via dell'Agnolo 101r

Küche & Geschirr

Oggetti contemporanei
Haushalts-, Küchenutensilien, Geschenkartikel, alles in modernstem Design.
▮ Via de' Guicciardini 122r

Cafissi
Erst-klassig
Küchen- und Wohnaccessoires aus nach alter Handwerkskunst bemaltem Holz.
▮ Borgo San Jacopo 47r

La Rinascente
Im 4. Stock der Kaufhausinstitution findet man pfiffige Küchenutensilien und schönes Geschirr.
▮ Piazza della Repubblica 1r–6r

Coin
Klassisches italienisches Haushaltsdesign im Untergeschoss des Kaufhauses.
▮ Via del Corso 65r/
Via de' Calzaiuoli 56r

Mesticheria Mazzanti
Erstaunlich, dass so viele hübsche und nützliche Dinge auf so engem Raum unterzubringen sind …
▮ Borgo la Croce 101r

Einrichtung

Richard-Ginori
Erst-klassig
Exklusive Einrichtungsgegenstände und Geschirr erhalten Sie bei Richard-Ginori › **S. 106**, einer traditionsreichen Top-Adresse in ganz Italien.
▮ Verkaufsräume: Via Rondinelli 15r–17r

Alvaro e Romano Ugolini
Lampen und Leuchter im alten Stil.
▮ Via del Drago d'Oro 25r

All'Arte di Bronzo
Messingarbeiten von Könnern, z.B. Lampen oder Türschilder.
▮ Via del Sole 9r–13r

Donata Patrussi
Hier findet man wunderschöne Möbel und Kunstobjekte aus dem 20. Jh., im

Besonderen Jugendstil aus den Wiener Werkstätten.

▮ Via Palmieri 29r

Kartell

Leuchtend bunte Plastikstühle, -lampen und sogar Schuhe aus Plastik.

▮ Borgo Ognissanti 52r

Spielzeugläden

Città del Sole

Besonders schönes Spielzeug.

▮ Via dello Studio 23r

Dreoni Giocattoli

Riesige Auswahl an Spielzeug.

▮ Via Cavour 31r/Via de' Ginori 38r

Krimskrams & Mitbringsel

Art Store

Florentiner Papier, Schmuck, Kunstbände und qualitätvolles italienisches Kunsthandwerk.

▮ Piazza Duomo 50r

Twisted Jazz Shop

Riesige Auswahl an Jazz-CDs.

▮ Borgo San Frediano 21r

Solo a Firenze

Bücher, verschiedene Mitbringsel, Stadtansichten von Florenz.

▮ Borgo SS. Apostoli 37r

Mio concept store

Design, Kunsthandwerk und Kreatives aus aller Welt, ausgesucht von der Deutschen Antje d'Almeida.

▮ Via della Spada 34

Signum

Raffiniertes rund ums Papier, Stempel.

▮ Via dei Benci 29r

Il Papiro

Hier bekommt man alles aus marmoriertem Papier.

▮ Piazza del Duomo 24r
Via Cavour 49r Via dei Tavolini 13r
Via Porta Rossa 76r

ControLuce

Ausgefallene kleine Objekte, Leuchten und andere Designartikel.

▮ Via della Vigna Nuova 89r

SEITENBLICK

Märkte in Florenz

- Jeden 1. Sa im Monat (außer Juli/Aug.) **Bauernmarkt** auf der Piazza della Repubblica › **S. 77**.
- Mo–Sa vormittags Lebensmittel im **Mercato San Lorenzo** › **S. 86**, der zentralen Markthalle, und im **Mercato Sant'Ambrogio** › **S. 105**.
- 3. So im Monat **Antiquitätenmarkt** an der Fortezza da Basso.
- Tgl. (Jan., Feb. Mo geschl.) **Straßenmarkt vor San Lorenzo** › **S. 86**.
- Tgl. **Flohmarkt auf der Piazza de' Ciompi**, jeweils am letzten So im Monat (außer Juli) Markt auch in den umliegenden Straßen.
- Di vormittags Markt im **Cascine-Park:** Hier gibt's einfach alles.
- Sept.–Juni Do bis 14 Uhr **Blumenmarkt** unter den Loggien der Piazza della Repubblica.
- Jeden 2. So im Monat (außer Juli/Aug.) **Antiquitäten- und Kunsthandwerksmarkt** auf der Piazza Santo Spirito.
- 3. So im Monat (außer Jan., Juli/Aug.) **Lebensmittel und Bioprodukte** auf der Piazza Santo Spirito.

SPECIAL

Pucci, Gucci & Co.

Gekrönte Häupter aus ganz Europa besorgten sich schon vor Jahrhunderten die Brokat- und Seidenstoffe für ihre Prunkgewänder am liebsten in Florenz. In Bildergalerien und an Kirchenwänden bewundert man das stilvolle Auftreten der Florentiner Oberschicht und die Eleganz ihrer prachtvollen Kleidung. Seit fast 600 Jahren säumen Kleider- und Ledergeschäfte die Straßen um den einstigen Marktplatz Piazza della Repubblica. Heute wie damals offerieren sie die Spitzenprodukte der florentinischen Industrie: Schuhe, Taschen, Gürtel, Geldbörsen und hochwertige Mode mit den dazugehörigen Accessoires.

Mode auf Märkten

Für etwas unentschlossene Kunden locken die Produkte der Modeindustrie auch an unzähligen Marktständen. Es lohnt sich, über die Märkte zu flanieren und sich ein bisschen umzusehen, denn man kann hier sehr modische und billige Sachen finden. Oft liegt Modisches auch auf den Tüchern der Straßenverkäufer aus – einfach unmöglich, diese Stadt ohne ein neues Paar Schuhe oder eine schicke Ledertasche zu verlassen. Auf dem Straßenmarkt vor San Lorenzo gibt's Kleidung (tgl. 9–19.30 Uhr › S. 86).

Vorsicht vor MARKENPIRATERIE: Der Kauf gefälschter Markenwaren ist verboten und wird mit Geldbußen von bis zu 10 000 € bestraft.

Luxus-Shopping auf der Modemeile

Unzählige Designergeschäfte und Boutiquen rund um die Piazza della Repubblica führen mit exklusiv ge-

 Bild oben: Ein besonderes Modeerlebnis – Schaufensterbummel in Florenz

stalteten Schaufenstern in Versuchung. Alta Moda und die passenden Accessoires dazu findet man bei den einheimischen Stilisten Gucci, Roberto Cavalli und Emilio Pucci, aber auch in den Filialen von Prada, Armani, Dior, Bulgari und Tiffany in der Via de' Tornabuoni, der Modemeile, oder in den Vie della Vigna Nuova, de' Tosinghi und degli Strozzi um die Ecke. Der Schaufensterbummel gleicht dem Besuch einer Mailänder Modenschau. Dennoch sollte man sich nicht von der noblen Atmosphäre der Geschäfte einschüchtern lassen. Treten Sie ruhig ein und sehen Sie sich in den Modeboutiquen um!

Modemuseum und Schuhpalast

Die **Galleria del Costume,** Italiens einziges Modemuseum, zeigt in den königlichen Sälen im Palazzo Pitti Kleider vom 16. Jh. bis heute, darunter Gewänder des Großherzogs Cosimo I. und seiner Gemahlin Eleonora da Toledo.

Der Schuhmode gewidmet ist dagegen das **Museo Salvatore Ferragamo.** Nachdem er sich in Hollywood als »Schuhmacher der Stars« einen Namen gemacht hatte, ließ sich Ferragamo 1927 in Florenz nieder und baute in einem noblen Stadtpalast sein Schuhimperium auf. Im kleinen Firmenmuseum sind besonders extravagante Kreationen zu sehen, die für Greta Garbo, Audrey Hepburn oder Madonna maßgefertigt wurden.

- **Galleria del Costume**
  Palazzo Pitti | www.uffizi.firenze.it
  Juni–Aug. tgl. 8.15–18.50, Nov.–Febr. bis 16.30, März bis 17.30, April–Mai, Sept., Okt. bis 18.30 Uhr, 1. und letzter Mo im Monat geschl., Eintritt 7 €.
- **Museo Salvatore Ferragamo**
  Via de' Tornabuoni 2
  www.museoferragamo.it
  Tgl. 10–19.30 Uhr, Eintritt 6 €.

Outlet-Shops

Adressen und Informationen über Outlet-Verkauf rund um Florenz: www.outlet-firenze.com

- **The Mall Outlet Center**
  Toplabel von Armani bis Valentino, radikal reduzierte Preise.
  Via Europa 8 | 50066 Regello (25 km südl. von Florenz) | Tel. 05 58 65 77 75
  www.themall.it | tgl. 10–19 Uhr
- **Fashion Valley**
  Toplabel von Ferré bis Versace, radikal reduzierte Preise.
  50066 Reggello | Ruota al Mandò
  www.fashionvalley.it
- **Barberino Designer Outlet**
  100 exquisite Shops, deren Architektur von Renaissance-Villen inspiriert ist.
  50031 Barberino del Mugello
  (ca. 30 km nördlich von Florenz)
  Tel. 0 55 84 21 61
  www.mcarthurglen.it/barberino
  Mo–Fr 10–20, Sa, So bis 21 Uhr

Gucci Museo

Im Palazzo della Mercanzia links vom Palazzo Vecchio zeigt das neue Museum › S. 68 auf drei Etagen mit 1700 m^2 Fläche Guccis Mode-Kreationen, z.B. für Grace Kelly oder Hillary Swank (Piazza della Signoria 10, www.gucci.com, tgl. 10–20 Uhr, Laden/Café bis 23 Uhr, Eintritt 6 €, bis 12 Jahre gratis).

Am Abend

Florentiner gönnen sich gern gutes Essen im Restaurant. Und sonst? Man geht einen Aperitif (s.u.) trinken, der absolute In-Trend der Stadt. Praktisch jede Bar, jedes Café und viele Restaurants bieten ab 18.30 bzw. 19 Uhr einen Drink und viele Kleinigkeiten, fast schon zum Sattessen.

Pubs

Sehr beliebt bei der internationalen Jugend sind die englischen und irischen Pubs, die am Tag günstige Mittagsgerichte, früh am Abend Happy Hour bieten und spät nachts voller Leben sind.

The Lions Fountain

Typisches irisches Pub; am Wochenende ist es sehr voll.

- Borgo degli Albizi 34r
- So–Do 10–1.30, Fr, Sa bis 2.30 Uhr

The Old Stove

Besonders im Sommer sind die Plätze draußen heiß begehrt.

- Via Pellicceria 2r
- Nähe Piazza Repubblica
- Tgl. 11–2 Uhr

SEITENBLICK

Aperitif-Klassiker

Der *Aperitivo* ist auch in Florenz ein Muss, ganz klassisch nimmt man ihn gern bei: **Caffè Sant'Ambrogio** (Piazza Sant'Ambrogio 7r), **Dolce Vita** (Piazza del Carmine 6r), **Il Rifrullo** (Via San Niccolò 57r), **H&B** (Via de' Pescioni 8r), **Slowly** (Via Porta Rossa 63r), **Moyo** (Via de' Benci 23r), **Zoe** (Via de' Renai 13r), **Negroni** (Via dei Renai 17r), **Popcafé** (Piazza Santo Spirito 18Ar).

Caffè L'Antico Mercato

Bier und Panini von 9 bis 1 bzw. 2 Uhr.

- Piazza del Mercato Centrale 20

Birreria Centrale

Pub, auch mit hausgebrautem Bier und bayerischer Küche.

- Piazza dei Cimatori 2r

Hard Rock Café

Das 2011 eröffnete Rockcafé ist bei der Jugend äußerst beliebt.

- Piazza della Repubblica 1r
- Tgl. bis 1 bzw. 2 Uhr

Kino

Im Sommer finden am Flog (s.u.) und beim Stadion Filmvorführungen im Freien statt. Filme in Originalversion zeigt das **Odeon** meist Mo, Di und Do.

- Piazza Strozzi
- www.odeonfirenze.com

Theater und Konzerte

Die Theater der Stadt spielen von Oktober bis April. In den Spielpausen finden auch Klassikkonzerte sowie Musikveranstaltungen anderer Sparten statt.

Teatro Comunale

Fungiert auch als Stammhaus des *Maggio Musicale Fiorentino.*

- Corso Italia 16 | Tel. 05 52 77 93 50
- www.maggiofiorentino.com

Teatro della Pergola

Wunderschönes altes Theater.

- Via della Pergola 18
- Tel. 05 50 76 33 33 | www.fondazione teatrodellapergola.com

Teatro Verdi

Konzerte, Theater-, Kinoaufführungen.

- Via Ghibellina 97 (Tickets bei Nr. 91r)
- Tel. 0 55 21 23 20
- www.teatroverdionline.it

Teatro Puccini

Komödien, Kabarett und Konzerte.

- Via delle Cascine 41
- Tel. 0 55 36 20 67
- www.teatropuccini.it

Nuovo Teatro dell'Opera di Firenze

Das neue Theater soll im Mai 2014 den Spielbetrieb aufnehmen.

- Viale Fratelli Rosselli 1
- Tel. 05 52 77 93 50

Livemusik

Auditorium Flog

Riesiger Saal, ca. 150 Konzerte im Jahr.

- Via M. Mercati 24/b | www.flog.it

Jazz Club

Live-Jazz ab 22 Uhr, junges Publikum.

- Via Nuova de' Caccini 3
- Tel. 05 52 47 97 00 | Mo geschl.

Obihall

- Via Fabrizio De André/Ecke Lungarno A. Moro | Tel. 05 56 50 41 12
- www.obihall.it

Stazione Leopolda

Erst-! klassig

Die futuristisch umgestaltete Bahnhofshalle aus dem 19. Jh. ist heute ein beliebtes Veranstaltungszentrum.

- Viale Fratelli Rosselli 5
- www.stazione-leopolda.com

Viele Musikvereine besitzen kein festes Haus für Konzerte, sind aber in der Florentiner Szene präsent. Dazu gehören die **Accademia Musicale di Firenze** (www.accademiamusicaledifirenze.it), das **Orchestra da Camera Fiorentina** (www.orcafi.it) sowie das **Orchestra Regionale della Toscana** (www.orchestradellatoscana.it).

Bester Veranstalter für Jazz-, Elektronik- und alternative Konzerte: **Musicus Concentus** (www.musicusconcentus.com).

Diskotheken

Twice Club

Erst genießt man in der Weinbar seinen Aperitif, um ab 23 Uhr abzutanzen.

- Via Verdi 57r | www.twiceclub.com

Otel

Disco, Restaurant, Varieté-Vorführungen.

- Via Generale Dalla Chiesa 9
- www.otelvariete.com

Kitsch deux

Bistro, American Bar und Weinbar. DJs und Live-Musik. Studententreff.

- Via San Gallo 22r | Tel. 32 89 03 92 89
- www.kitschdeux.com

SEITENBLICK

Ticketvorverkauf

Tickets für Veranstaltungen gibt's bei:

- **Box Office**
  Via delle Vecchie Carceri 1
  Tel. 0 55 21 08 04
  www.boxofficetoscana.it
  www.boxol.it

LAND & LEUTE

Südseite von Orsanmichele
in der Via de' Lamberti

STECKBRIEF

- **Geografische Lage:** 11°15′ östlicher Länge, 43°47′ nördlicher Breite
- **Fläche:** 102 km²
- **Verwaltung:** Hauptstadt der Toskana und der Provinz Florenz
- **Einwohner:** im Stadtbereich 357 300 (3575 Einw./km²), über weitere 200 000 in den Vororten
- **Besucher:** jährlich 12 Mio. Übernachtungen in der Provinz Florenz; gut 1,77 Mio. in den Uffizien (Rang 1 der meistbesuchten Museen Italiens)
- **Stadtwappen:** Schwertlilie (Giglio)
- **Stadtpatron:** Johannes der Täufer (San Giovanni, Feiertag 24. Juni)
- **Landesvorwahl:** 00 39
- **Zeitzone:** MEZ
- **Währung:** Euro (€)

Lage

Malerisch breitet sich das Häusermeer der toskanischen Hauptstadt nur 50 m ü.d.M. in der weiten Ebene des Arno aus, der durch den Ponte Vecchio dem Meer im Westen entgegenströmt. Die auf über 1000 m ansteigenden Berge des Apennin im Norden und Osten bilden mit den sanften grünen Hügeln, die sich im Süden bis ins Chianti-Gebiet erstrecken, eine malerische Kulisse für die schlanken Kirchtürme und trutzigen Paläste im Tal. Der Zauber, den Florenz ausübt, entsteht aus diesem Zusammenspiel von strenger Architektur und stets präsenter toskanischer Landschaft.

Charles Dickens fasste seine Begeisterung über Florenz in die Worte: »Wie viel Schönheit erfährt man, wenn man an einem lieblichen klaren Morgen von einer Anhöhe auf Florenz hinabblickt! Da liegt es vor uns in dem sonnendurchfluteten Tal, durchflossen von dem sich dahin windenden leuchtenden Band des Arno. Seine Kuppeln, Türme und Paläste erheben sich aus der üppigen Landschaft als eine schimmernde Masse und glänzen in der Sonne wie Gold.« Die Villen wohlhabender Florentiner zieren die Hügel, bilden mit ihren prächtigen Gärten einen fließenden Übergang zu den Olivenhainen, Schirmpinienwäldern und Weinbergen der Umgebung.

Umwelt

Das große Freilichtmuseum der Renaissance, in dem Touristen fasziniert von einer Kirche zum nächsten Museum spazieren, erleben die Einwohner immer öfter ganz anders: So musste der Bürgermeister auch im Jahr 2013 wiederholt Alarm geben. Wie anderswo gilt der private Autoverkehr als Hauptverursacher der gravierenden Umweltprobleme, in Florenz wird die Situation noch durch die abgeschlossene Kessellage verstärkt. Man sieht im Zentrum bereits Rad- und Motorradfahrer mit Atemschutzmasken. Schon lange leidet Florenz unter viel zu starkem Verkehrsaufkommen und enormen Smog- und Ozonbelastungen. Leuchttafeln an den Zufahrtsstraßen in die Stadt weisen auf Ozonalarm und Fahrverbote hin.

Die Stadtverwaltung erarbeitet zwar laufend neue Vorschläge, aber bisher schlugen diese in schönster Regelmäßigkeit fehl. Die Sperrung der Innenstadt für Privatautos seit 1988 verringerte den Schadstoffausstoß kaum, da sich der Verkehr nun auf die Viali, die Ringstraßen um das Zentrum, konzentriert. Auch die Regelung, dass an bestimmten Tagen nur Autos mit gerader bzw. ungerader Kennzeichennummer fahren dürfen, zeigte nur wenig Wirkung – in den meisten italienischen Familien gibt es zwei Autos.

Es besteht zudem die Möglichkeit, ein völliges Fahrverbot über das Stadtgebiet zu verhängen – was schon mehrfach geschah. Die Gefährdung der Gesundheit der Menschen und die Schäden an den einzigartigen Bauwerken, wo wegen des sauren Regens die meisten Originalskulpturen durch Kopien ersetzt werden mussten, erfordern Einschränkungen.

Wirtschaft

Viele denken bei der Florentiner Wirtschaft gleich an exklusive Mode von Gucci oder elegante Schuhe von Ferragamo. Aber auch unzählige kleine, weniger bekannte Handwerksbetriebe überleben dank hochwertiger Produkte und innovativen Designs. Antiquitäten, Lederwaren, Textilien, Steinmetz-, Tischler-, Bronze- und Juwelierarbeiten zählen zu den Aushängeschildern eines traditionellen, seit dem 18. Jh. international gefragten Handwerks, das jedoch kaum Arbeitskräfte bindet.

Handel und Bankwesen florieren in Florenz, das zudem ein attraktiver Veranstaltungsort für Messen ist. Und Florenz ist eine Dienstleistungsstadt. Rund 11 000 Menschen verdienen ihren Lebensunterhalt im Tourismus. Rund 80 % der arbeitenden Bevölkerung der Stadt finden ihr Auskommen im Dienstleistungssektor. Neben dem Tourismus garantieren die Präsenz der Regional-, Provinzial- und Stadtverwaltung sowie die Universität den Florentinern Arbeitsplätze und damit einen gewissen Wohlstand.

In der Provinz Florenz nehmen auch die chemisch-pharmzeutische Industrie und der Spitzentechnologiesektor eine wichtige Rolle ein. Der fruchtbare Boden der Region bringt landwirtschaftliche Produkte und toskanische Spitzenweine für den in- und ausländischen Markt hervor.

Geschichte im Überblick

Ende 4000/Anfang 3000 v. Chr. Erste Siedlungsspuren an der Arno-Furt.

10.–8. Jh. v. Chr. Villanova-Kultur im Arnotal.

5. Jh. v. Chr. Etrusker gründen Fiesole an einem Hügel.

59 v. Chr. Cäsar siedelt Veteranen in *Florentia* an; der Name stammt von der Göttin Flora, in deren Festzeit die Gründung fiel.

2. Jh. n. Chr. Zur Zeit Kaiser Hadrians (117–138) entstehen die Thermen, Theater und Amphitheater; Erneuerung der Via Cassia.

Ende 3. Jh. *Florentia* ist Hauptstadt der Regionen *Tuscia* und Umbrien.

Völkerwanderungszeit Allgemeiner Niedergang, Florenz wird aber in den Wirren nicht völlig zerstört.

570–774 Langobarden beherrschen die Toskana; aufgrund der Nähe zur Reichshauptstadt Pavia wird Lucca Sitz des Herzogs. Florenz liegt nicht an der Frankenstraße nach Rom und gerät ins Abseits.

774 Karl der Große erobert das Langobardenreich. Beginn eines von den deutschen Kaisern geförderten demografischen und wirtschaftlichen Aufschwungs in Florenz.

Um 1000 Markgraf Hugo verlegt seine Residenz von Lucca nach Florenz und verleiht der Stadt neue Bedeutung.

11. Jh. Baptisterium, San Miniato al Monte und eine neue Stadtmauer (1078) werden gebaut.

12. Jh. Selbstregierung der Stadt als Kommune; Beginn der Expansion ins Umland mit der Eroberung Fiesoles (1125); Kaufleute und Handwerker organisieren sich in Zünften *(arti)*.

13.–14. Jh. Aufstieg zur führenden Macht in der Toskana und zur europäischen Großstadt (um 1300: 100 000 Einw., Rom 30 000 Einw.); wirtschaftlicher Aufschwung, vom Mittelmeer bis England trifft man auf Florentiner Kaufleute; repräsentative Großbauten wie Dom und Palazzo Vecchio entstehen; es toben heftige Auseinandersetzungen um die Macht im Inneren; ständige Kriege mit den Rivalinnen Siena, Pisa und Lucca.

1406 Florenz erobert Pisa.

1434 Cosimo de' Medici übernimmt die Macht.

15. Jh. Florenz ist das wichtigste europäische Kulturzentrum; unter Cosimo und seinem Enkel Lorenzo il Magnifico erreicht die Renaissance ihren Höhepunkt.

1532 erhält Alessandro de' Medici die Stadt nach einem republikanischen Zwischenspiel von Kaiser Karl V. als erbliches Herzogtum.

1555 Mit der Eroberung Sienas schließt Florenz den Aufbau eines Regionalstaates in der Toskana ab.

16. Jh. Unter Cosimo I. (1537 bis 1574) wird Florenz Residenzstadt des Herzogtums Toskana (ab 1569 Großherzogtum) und verliert damit seinen eigenständigen Charakter.

17. Jh. Stetiger Niedergang von Florenz und der Toskana.

1737 Tod des letzten Medici Gian Gastone; die Toskana fällt an Herzog Franz von Lothringen, Gemahl der österreichischen Kaiserin Maria Theresia.

1765–1790 Unter dem aufgeklärten Großherzog Pietro Leopoldo werden bedeutende Reformen durchgeführt. Im Rahmen der sogenannten *grand tours* von Bildungsreisenden aus ganz Europa wird Florenz zu einem beliebten Reiseziel.

1799–1814 Französisches Intermezzo: Napoleonische Truppen erobern Italien, 1801 wird Florenz die Hauptstadt des Königreichs Etrurien, das unter der Regentschaft von Napoleons Schwester Elisa 1807 mit Frankreich vereint wird.

1859 Großherzog Leopold II. verlässt freiwillig die Stadt, die Einwohner schließen sich in einem Volksentscheid 1860 dem neuen italienischen Königreich an. Erstmals überschreitet die Einwohnerzahl wieder 100 000.

1865–1870 Hauptstadt Italiens; Neugestaltung des Zentrums.

20. Jh. Ausdehnung der Stadt bis zu den Hügeln; Entstehung des Industrieviertels Rifredi.

1944 Frontverlauf am Arno, Zerstörung aller Brücken bis auf den Ponte Vecchio.

1966 Verheerende Arno-Überschwemmung: Das Wasser steht meterhoch in der Innenstadt.

1993 Bei einem Bombenanschlag nahe den Uffizien werden fünf Menschen getötet und viele Kunstwerke beschädigt, manche sogar erheblich.

Cosimo d.Ä., Detail aus dem Freskenzyklus in der Cappella dei Magi

2001 Wie in Verona oder Venedig müssen Besucher auch in den Florentiner Kirchen Santa Croce, Santa Maria Novella und San Lorenzo Eintritt zahlen.

2004 Wiederwahl des linksdemokratischen Bürgermeisters Leonardo Domenici.

Juni 2009 Bei der Bürgermeisterwahl gewinnt der erst 34-jährige Matteo Renzi von der Mitte-Links-Partei *Partito Democratico* die Stichwahl mit 58,8 %.

2010 Eröffnung der Straßenbahn vom Hauptbahnhof Santa Maria Novella zum Vorort Scandicci.

2011 Baubeginn der zweiten Straßenbahnlinie vom Hauptbahnhof zum Flughafen Peretola.

2014 Im Mai wird das Nuovo Teatro dell’Opera eröffnet.

Die Menschen

Die echten Florentiner werden immer weniger! Wenn nicht bereits über 53 000 Ausländer in der Stadt leben würden, ginge die Einwohnerzahl stetig rapide zurück. Denn die Attraktivität von Florenz als Wohnort schwindet, immer weniger Menschen wollen oder können in der Stadt leben. Allein von 1991 bis 2001 verlor Florenz 11,7 % seiner Bevölkerung. Die letzte italienische Volkszählung 2011 zeigte einen weiteren Rückgang: statt der registrierten 373 000 Einwohner lebten in Wirklichkeit nur knapp 358 000 in der Stadt.

Die Gründe für das Schwinden der eingesessenen Florentiner liegen nicht allein in der – wie in ganz Italien – rückläufigen Geburtenrate. Eine Rolle spielen auch die starke Umweltbelastung und die Internationalisierung der Stadt. Florenz zählt mittlerweile zu den teuersten italienischen Städten, und so manche ziehen daher lieber in den Mugello nördlich von Florenz, in die umgebenden Hügel oder in einen Vorort. Daher verwundert es nicht, dass die dortigen Gemeinden eine Bevölkerungszunahme weit über dem Toskana-Durchschnitt aufweisen.

Konträre Lebensgefühle

Elegant gekleidete ältere Damen, nicht minder gestylte Jugend – wer durch die Stadt schlendert, wird ganz sicher den Geschmack der Florentiner bewundern. Die schlichte Vornehmheit, die auch die Formensprache der Florentiner Paläste und Skulpturen prägt, spiegelt sich im Kleidungsstil der Bewohner wider. Florenz ist schließlich neben Mailand die wichtigste Modestadt Italiens. Glanz und Selbstbewusstsein des 15. Jhs. retteten die Flo-

SEITENBLICK

Die Florentiner

Curzio Malaparte (1898–1957) beschreibt in seinem Buch »Verdammte Toskaner« die Florentiner aus der Sicht der Prateser, die von den Florentinern immer noch gerne als Vorortbewohner gesehen werden, obwohl Prato seit 1993 die Hauptstadt einer eigenen Provinz ist: »Ihre Haut würden sie [die Prateser] verschenken, wenn sie nur die Florentiner nachahmen könnten, ihre Art, den Hut zu tragen, die Krawatte zu knoten, zu gehen, zu sprechen, zu lachen; wenn sie etwas von ihren sprühenden Einfällen und Launen haben könnten, den spöttischen Ausdruck, die Schlagfertigkeit im Lachen und Reden – sodass du nicht weißt, ob sie dich meinen, und du dich bereits für tot hältst, obgleich du noch nicht einmal verwundet bist – wie gerne würden sie die Eleganz und die fröhliche verrückte Art kopieren, die die Florentiner zum seltsamsten, liebenswürdigsten und am meisten gefürchteten Volk Italiens machen.«

rentiner bis in die heutige Zeit – nicht nur auf dem Gebiet der Mode. Das aristokratische Lebensgefühl übertrug sich auf das Bürgertum, und noch heute gibt es in keiner italienischen Stadt so viele »geschlossene Gesellschaften«; nur eine Klubkarte gewährt Zutritt. Auswärtige Studenten klagen oft, dass sie zwar jede Menge Studenten aus ganz Italien kennenlernen, aber keinen einzigen echten Florentiner. Diese Abschottung, die einhergeht mit einer ausgesprochenen Liebenswürdigkeit, bietet der Stadt wohl die einzige Möglichkeit, so etwas wie ein ursprüngliches Eigenleben zu bewahren.

Im Sommer hört man in den Bars, Restaurants und auf den Straßen oft mehr Englisch als Italienisch. Selbst die Essgewohnheiten der Bewohner wurden beeinflusst: Neben Fast-Food-Ketten bieten immer mehr einheimische Bars mittags kleine Imbisse statt vollständiger Menüs an. Dabei hätte bis vor ein paar Jahren kein Florentiner seinen Teller *Ribollita* in einer Trattoria für einen Salat im Stehen eingetauscht.

Kunst & Kultur

Das Stadtzentrum legten die Römer an, man erkennt die typisch römische rechtwinklige Straßenführung um das ehemalige Forum (jetzt Piazza della Repubblica). Römische Mauer- und Mosaikreste sind neben Teilen einer frühchristlichen Basilika unter dem Dom zu besichtigen. Die römischen Funde im Archäologischen Museum stammen großenteils nicht aus Florenz.

Romanik

Wie aus dem Nichts wurden Baptisterium und San Miniato al Monte im 11. Jh. errichtet, als Florenz wieder machtvoll die Bühne der Geschichte eroberte. Die klare Gliederung mittels Rundbogen, Säulen und Pilastern, auffallende Gesimse, geometrisches grünweißes Marmordekor ohne jeden Skulpturenschmuck heben diese Bauwerke ab; der Unterschied zu den romanischen Kirchen SS. Apostoli und Santo Stefano al Ponte ist augenfällig. Noch Brunelleschi hielt das Baptisterium für ein antikes Gebäude. Man spricht von der Protorenaissance, da ein Hauptideal der Renaissance – die Antikennähe – bereits verwirklicht wurde.

Gotik

Nach diesem glänzenden Auftakt versank Florenz wieder in Bedeutungslosigkeit, die Nachbarstädte trumpften auf. In der Malerei beeinflussten Luccheser und Sieneser Künstler die Szene, in der Bildhauerei gaben die Pisaner den Ton an. Dann brachten im 13. Jh. die Zisterzienser die Gotik aus dem Norden in die Toskana und lösten in Florenz einen Bauboom aus: Die neu

Palazzo Pitti: Residenz der Medici im Stil der Renaissance

gegründeten Bettelorden der Dominikaner (Santa Maria Novella), Franziskaner (Santa Croce), Serviten (SS. Annunziata), Karmeliter (Santa Maria del Carmine) und Humiliaten (Ognissanti) errichteten im 13. Jh. ihre Gotteshäuser mit breiten Mittelschiffen, offenen Dachstühlen und aneinandergereihten Querhauskapellen. Zwar fehlt der deutschen und französischen Kathedralen eigene Drang nach oben, Spitzbogenfenster und Kreuzgratgewölbe sind aber stets vorhanden.

Erneute kulturelle Blüte

Die Machtübernahme durch die Zünfte in der zweiten Hälfte des 13. Jhs. schuf die politischen und wirtschaftlichen Voraussetzungen in Florenz, um auch auf künstlerischem Gebiet die Führung in der Toskana zu übernehmen. Zudem sollte die Verschönerung der Stadt allen die »gute« Regierung der Prioren vor Augen führen. Die Pläne des Stadtbaumeisters Arnolfo di Cambio (um 1245–1302) für Dom, Palazzo Vecchio und Santa Croce prägen bis heute das Stadtbild; gotische Prestigebauten wie die Loggia del Bigallo, Orsanmichele und die Loggia dei Lanzi säumten in der zweiten Hälfte des 14. Jhs. die als monumentale Prachtstraße geplante Achse Dom–Palazzo Vecchio.

Zeitgleich mit Arnolfo arbeitete der Maler Cimabue (um 1240–1302). Seine Figuren zeichnen sich durch eine Zartheit aus, die den stilisierten Körpern der bis dato byzantinisch beeinflussten Malerei fehlt.

Mit Giotto wurde die Bildfläche erstmals dreidimensional; die mittelalterliche Vorstellung von überirdischer Realität – manifestiert in stark abstrahierten Madonnen vor Goldhintergrund – wich einer neuen Wirklichkeitsnähe; seine Szenen spielen in zeitgenössischer Architektur. Licht-Schatten-Effekte betonen die Plastizität des menschlichen Körpers. Mit Giotto wurde die Malerei zur wichtigsten künstlerischen Disziplin in Florenz.

Eleganz prägt die Bilder von Maso di Banco, Bernardo Daddi und Taddeo Gaddi. Andrea Orcagna, sein Bruder Nardo di Cione sowie vor allem Giottino, Giovanni da Milano und Spinello Aretino führten den farbenfrohen gotischen Stil zu großer Detailtreue. Agnolo Gaddi (Taddeos Sohn) schilderte in seinen Bildern auch Alltagsszenen; das Schönheitsideal Lorenzo Monacos bildet den Übergang zur Frührenaissance.

Renaissance

Eine Revolution in der Kunst löste die Neuorientierung an antiken Idealen aus, einhergehend mit dem vom Humanismus geprägten neuen Menschenbild und einer neuen Sicht der Wirklichkeit. Die Gemälde zeigten die Menschen naturgetreu und mit lebendigem Ausdruck in bekannten Landschaften und Architekturkulissen, Szenen aus dem Alltag, selbst vorchristliche und mythologische Themen wurden nun ins Bild gesetzt. Die neu entdeckte Perspektive und mathematische Berechnungen ermöglichten eine klare Raumaufteilung, die Bilder gewannen an Tiefe, Bauten wurden harmonisch gegliedert. Porträts, Akte, frei stehende Skulpturen, die Verwendung glasierter Terrakotta, die Flachreliefs, Zentralbauten – all dies kannte die Antike und wurde in der Renaissance »wieder geboren«.

Die Medici

Der Aufstieg einer einfachen Kaufmannsfamilie zum Fürstengeschlecht konnte sich nur in einer dynamisch wachsenden Stadt wie dem Florenz des 13. und 14. Jhs. vollziehen. Ihr Glück machten die Medici als Verwalter der Gelder des Vatikans; kein anderer Staat verfügte über vergleichbare finanzielle Einkünfte aus ganz Europa. Trotz ihres Reichtums zählten die Medici zum Popolo, unterstützten im 14. Jh. demokratische Tendenzen, hielten sich sonst aber politisch zurück. Die Medici förderten Künstler, Philosophen und Literaten, Florenz wurde zum Zentrum der Renaissance und des Humanismus.

SEITENBLICK

Familiengeschichte(n)

Giovanni di Bicci (1360–1429), der Auftraggeber von San Lorenzo, war der Stammvater des Medici-Clans. Sein erstgeborener Sohn Cosimo de' Medici (1389–1464) übernahm 1434 nach seiner Rückkehr aus der Verbannung die Herrschaft über den Regionalstaat. Bis zu Piero de' Medici, dem Sohn von Lorenzo il Magnifico, klappte die Nachfolge reibungslos. Als dieser 1503 verstarb, musste sein Bruder einspringen – nur war der inzwischen Kardinal und seit 1513 Papst Leo X. geworden. Nach dem Tod Leos (1521) blieb nur ein noch dazu illegitimer Neffe von Lorenzo il Magnifico als Nachfolger übrig, auch dieser seit 1523 als Clemens VII. auf dem Heiligen Stuhl. Und obwohl das im 16. Jh. keine Selbstverständlichkeit war, verschied Clemens VII. 1534 kinderlos. Sollten die Medici nun etwa aussterben? Die bedrohte Dynastie besann sich schließlich auf einen zweiten Sohn von Giovanni di Bicci, Lorenzo (1395–1440), ein Bruder Cosimos de' Medici. Von ihm stammte in direkter Linie Giovanni dalle Bande Nere (1498–1526) ab, der in martialischer Pose und römischer Uniform vor der Kirche San Lorenzo sitzt. Auf ihn gehen die Medici-Großherzöge des 16. Jhs. zurück. Deren Erster war sein Sohn Cosimo I.

Entwicklung der Architektur

Verantwortlich für diesen Aufschwung war Filippo Brunelleschi (1377 bis 1446); der Baumeister der Domkuppel gilt gleichzeitig als Erfinder der Zentralperspektive. Mit der Alten Sakristei in San Lorenzo (1422 bis 1429) schuf er den ersten vollkommenen Zentralbau seit der Antike, zu seinen schönsten Bauten zählt die genau berechnete Pazzi-Kapelle in Santa Croce. Mathematische Berechnungen liegen auch dem Portikus des Ospedale degli Innocenti, den Kirchen San Lorenzo und Santo Spirito zugrunde. Allein durch natürliches Licht erhellte Architektur sollte hier für Ehrfurcht sorgen – eine Absage an die bunten Glasfenster der Gotik. Einzig Leon Battista Alberti (1404–1472), der 1452 auch das erste Architekturtraktat der Renaissance über antikennahes Bauen schrieb, kann mit seinem Palazzo Rucellai und der Fassade von Santa Maria Novella neben Brunelleschis Meisterwerken bestehen. Michelozzo (1396 bis 1472) schuf mit dem Palazzo Medici-Riccardi das Vorbild für den Florentiner Patrizierpalast des 15. Jhs.

Bahnbrechende Bildhauer

Führender Bildhauer der Frührenaissance ist Donatello (1386–1466); nicht allein sein psychologisches Einfühlungsvermögen und seine Anatomiekenntnisse zeichnen ihn aus. Neuerungen wie die Wiedererfindung des Flachreliefs und die Anwendung der Perspektive darin (Hl. Georg, Orsanmichele), die erste frei stehende Aktfigur (David, Bargello) und das erste Reiterstandbild seit der Antike (Padua) sowie die Wiedereinführung von

SEITENBLICK

Fresken

Der Freskenzyklus Ghirlandaios in der Hauptkapelle von Santa Maria Novella, die großartigen Fresken von Benozzo Gozzoli im Palazzo Medici-Riccardi; in fast jeder Beschreibung einer Sehenswürdigkeit der Stadt tauchen die Fresken auf. Das italienische *affresco* stand Pate für dieses eingedeutschte Wort. *Al fresco* malen bedeutet, die Farben auf eine dünne Schicht noch feuchten (*fresco* = frisch) Putzes aufzutragen und nicht, wie bis ins 13. Jh. üblich, auf die trockene Wand. Die Pigmente dringen in die feuchte Oberfläche ein, die dabei entstehende chemische Reaktion der Pigmente mit dem Kalk verleiht den Farben ihre Leuchtkraft. Da Putz schnell trocknet, konnten die Künstler täglich nur kleinere Abschnitte der oft riesigen Fresken ausführen. Um das Gesamtwerk nicht aus den Augen zu verlieren, fertigten sie auf einer gröberen unteren Putzschicht, *arriccio* genannt, mit rotem Farbstoff eine Vorzeichnung an, die nach diesem Farbstoff *sinopia* heißt. Sie blieb unter der zweiten Kalkschicht sichtbar. Bei Restaurierungsarbeiten kamen einige dieser Sinopien zum Vorschein und geben Zeugnis von den oft bemerkenswerten Fähigkeiten der Renaissancemaler, wie etwa die Sinopien Andrea del Castagnos im Cenacolo di Sant'Apollonia.

Terrakottastatuen weisen ihn als zentralen Kopf der Entwicklung zur Hochrenaissance aus. Seine naturnahe Darstellungsweise – er zeigte z.B. den Evangelisten Johannes als Greis und Maria Magdalena als betagte, reumütige Sünderin (beide Dommuseum) – erschlossen der Bildhauerei neue Wege. Nach einer Romreise 1430 und 1431, die er mit Brunelleschi zum Studium römischer Originale unternahm, schuf Donatello die einzigartige Sängertribüne (Dommuseum).

Donatellos Maria Magdalena

Lorenzo Ghiberti (1378–1455) tat sich mit den Bronzeportalen des Baptisteriums hervor. Zu den großen Künstlern der Epoche zählt auch Luca della Robbia (1399 bis 1482), dessen wunderschöne Terrakotta-Arbeiten (Bargello, Dom) dieser Technik zum Durchbruch verhalfen.

Nachfolgende Bildhauer entwickelten die Ansätze ihrer Vorgänger weiter; verspielter und ausgeschmückter, mit stärkerer Betonung der Sinnlichkeit entstand in der zweiten Hälfte des 15. Jhs. ein heiterer Stil, gefördert von einer reichen, lebensfrohen Aristokratie, die ebenso wie die Künstler von den neuen Idealen des Humanismus beseelt war. Der Hauptvertreter dieser Richtung ist Andrea del Verrocchio (1435–1488) mit seinem reizenden Putto (Palazzo Vecchio) und dem großartigen Porträt »Dame mit Blumenstrauß« (Bargello); auch Desiderio da Settignano (1428–1464), Antonio del Pollaiolo (1431–1498), Mino da Fiesole (1430–1484), Antonio Rossellino (1427–1479) und Benedetto da Maiano (1442–1497) gehören dazu.

Die Malerei der Renaissance

Masaccio schließlich revolutionierte die Malerei im 15. Jh. mit der Einführung der Zentralperspektive, großem psychologischem Einfühlungsvermögen und der Realitätsnähe des gemalten Raums in seinen Fresken (Santa Maria Novella, Brancacci-Kapelle in Santa Maria del Carmine).

Die unvergleichlich zarten Bilder Fra Angelicos (um 1400–1455), die weit über Masaccio hinausgehende Detailgenauigkeit von Paolo Uccello (1397–1475), der im Schlaf geäußert haben soll: »Welch süßes Ding ist doch die Perspektive« (Kreuzgang, Santa Maria Novella), die Porträts Andrea del Castagnos (1423–1457) belegen – Masaccios bedeutendste Nachfolger fanden zu einem eigenen Stil.

Detail aus Botticellis »Geburt der Venus«, 1485, zu bewundern in den Uffizien

In der zweiten Jahrhunderthälfte setzte sich – wie in der Bildhauerei – ein erzählender, detailfreudigerer, heiterer Stil durch. Farbenfroh schilderte der Schüler Fra Angelicos, Benozzo Gozzoli (1420–1497), weltliche und biblische Szenarien; Filippo Lippi (1406–1469) stellte Menschen voller Würde und Anmut in den Mittelpunkt; die gesellschaftliche Elite der Stadt porträtierte detailgenau in großartiger Landschaft bzw. Architektur Domenico Ghirlandaio (1449–1494); Sandro Botticelli (1445–1510) nahm mythologische Themen auf (»Frühling«, »Geburt der Venus« in den Uffizien); Filippino Lippi (1457–1504) bezauberte mit seinen Altartafeln.

Rom erobert die Vormachtstellung

Die erbitterte Konkurrenz der Florentiner Patrizierfamilien schuf die Voraussetzungen für diese einzigartige Blüte der Kunst. Mit der Machtübernahme der Medici-Päpste und -Großherzöge und dem wirtschaftlichen Niedergang des Adels fehlte jedoch das stimulierende Wetteifern. Die Kunstszene verlagerte sich, Rom bildete im 16. Jh. ihr Zentrum, denn Kardinäle und Päpste standen dort in einem ähnlichen Wettbewerb.

Mit Leonardo da Vinci (1452–1519), Michelangelo Buonarroti (1475 bis 1564) und Raffael (1483–1520) erreichte die Renaissance in Florenz ihren Gipfel und ihr Ende – Leonardo ging 1506 nach Frankreich, Raffael und Michelangelo nach Rom (1508 bzw. 1534).

Der Urbiner Raffael suchte von 1504 bis 1508 Anregungen in Florenz. Seine lieblichen Madonnen zeigen dichte Räume und Formen, stellen die geistige Aussage in den Mittelpunkt. Nebensächlichkeiten wie Architektur und Landschaft treten – wie bei der »Madonna della Seggiola« (Palazzo Pitti) – wieder in den Hintergrund.

Michelangelo Buonarroti

Michelangelo muss man sich als Besessenen vorstellen, der mit aller Kraft den Stein bearbeitete – er war der erste Bildhauer, der selbst nach Carrara ging, um seinen Marmor auszusuchen. Seinen Skulpturen ist eine gewisse Schwere eigen, als würden die Körper mit dem Stein ringen (»Bacchus« im Bargello, »Prigioni« in der Accademia). Nur »David« (Accademia), die größte Marmorfigur seit der Antike, tritt durch seine Geistigkeit aus dem irdischen Verhaftetsein heraus. Den Maler Michelangelo bewunderte man in Rom (Fresken in der Sixtinischen Kapelle), als Architekt hinterließ er auch in Florenz nachhaltige Spuren (Biblioteca Laurenziana, Neue Sakristei).

Manierismus

Die Suche nach emotionaler Ausdruckskraft durch die Bewegung, die Michelangelo mit seinen wuchtigen Körpern in verdrehten Haltungen in den Medici-Kapellen vorwegnahm, ist das Hauptthema der Maler und Bildhauer des 16. Jhs. Formenvielfalt, zunehmende Spannung und die Nachahmung der Raffinesse der Antike – nicht mehr ihrer Klassik – kennzeichneten den Manierismus. Jacopo da Pontormo (1494–1557) malte in nuancenreichen Farbtönen Figuren von neuer plastischer Fülle (Santa Felicita); sein Schüler Agnolo Bronzino (1503–1572) zeigte in kühlen, ungemein eleganten Staatsporträts, was von den Höflingen seiner Zeit verlangt wurde (Uffizien).

Giorgio Vasari (1511–1574), Bartolomeo Ammannati (1511–1592) und der großartige Bernardo Buontalenti (1536–1608) bauten nicht nur für die Medici-Großherzöge; sie legten darüber hinaus ihre Gärten an, organisierten ihre Feste und verliehen dem Zeitgeist der fürstlichen Repräsentationskultur in grotesken Schöpfungen Ausdruck. Neben Benvenuto Cellini (1500–1571) hatte erstmals auch ein Ausländer, der Flame Giambologna (1529–1608), als Bildhauer Erfolg in Florenz.

Gratis besichtigen

Erst-klassig

- Ein feierliches Fresko der Renaissance vom Lieblingsmaler der damaligen High Society, **Ghirlandaio,** mit Lorenzo il Magnifico im Bild, wartet in der **Kirche Santa Trinita** › S. 75.
- **Andrea del Castagnos** zauberhaftes **Abendmahlsfresko im Cenacolo di Sant'Apollonia** überwältigt durch seine Festlichkeit, die ausgestellten Sinopien zeigen auch seine zeichnerischen Fähigkeiten › S. 87.
- Die besten Künstler der ausgehenden Florentiner Renaissance und des Manierismus, **Andrea del Sarto, Franciabigio, Pontormo** und **Rosso Fiorentino,** malten den hübschen Kreuzgang der **Kirche SS. Annunziata** aus: Heute fast ein kleines »Museum« des Manierismus › S. 93.
- Ein großartiges **Abendmahlsfresko** bezeugt, wie wichtig den Ordensbrüdern der **Kirche Ognissanti** die Gestaltung ihres Refektoriums war – ein absoluter Meister wie **Ghirlandaio** bewies hier sein Können. Auch ein feines Fresko vom berühmten Renaissancemaler **Botticelli,** den **hl. Augustinus,** ist hier zu sehen › S. 112.
- Die revolutionäre Farbgebung **Pontormos** lässt sich wunderbar an dem **orangefarbenen Engel** in der Cappella Capponi in der **Kirche Santa Felicita** nachvollziehen › S. 118.
- Eine der großen Schöpfungen des meisterlichen Renaissance-Architekten **Brunelleschi,** seinen lichtdurchfluteten Kirchenraum mit der bereits Richtung Barock weisenden Kapellenkonstruktion, sehen Sie in **Santo Spirito** › S. 123.

Feste & Veranstaltungen

Festkalender

Ostersonntag: Scoppio del Carro. Ein mit Feuerwerkskörpern beladener vergoldeter Wagen aus dem 17. Jh. wartet zwischen Dom und Baptisterium darauf, beim Gloria der Auferstehungsmesse von einer mechanischen Taube entzündet zu werden. Fliegt die Taube vom Altar zum Wagen ohne Probleme das Seil entlang, wird es ein gutes Jahr.

April: Mostra internazionale dell'Artigianato. Die Kunsthandwerksmesse in der Fortezza da Basso vermittelt einen kompletten Überblick über die Produktion des toskanischen Handwerks. Aussteller aus der ganzen Welt (www.mostraartigianato.it).
Notte Bianca Firenze. Ende April 21–3 Uhr. Mit Musik, Events, Veranstaltungen, lange geöffneten Museen (www.nottebiancafirenze.it).

Mai: Festival Fabbrica Europa. Zeitgenössische Kunst aus 35 Ländern: Theater, Tanz, Musik und Installationen u.a. in der Stazione Leopolda (http://fabbricaeuropa.net).

Mai/Juni: Maggio Musicale Fiorentino. 1933 gegründete Veranstaltungsreihe mit Konzert-, Ballett- und Opernaufführungen, in denen internationale Stars des jeweiligen Bühnenfachs brillieren (www.maggiofiorentino.com).

Sonntag nach Christi Himmelfahrt: Festa del Grillo. Beliebtes Familienfest im Cascine-Park.

Juni: Calcio Storico. Bei dem traditionellen Fußballwettkampf treten auf der Piazza Santa Croce Mannschaften der vier ältesten Stadtteile von Florenz gegeneinander an. Den in Kostüme des 16. Jhs. gekleideten Akteuren ist vieles erlaubt, was nach heutigen Regeln mit lebenslangem Spielverbot geahndet würde. Ein Feuerwerk auf dem Piazzale Michelangelo beschließt die Veranstaltung (www.calciostoricofiorentino.it).

Juni/Juli: Estate Fiesolana. Musik (Jazz), Prosa, Theater und Kino an diversen Orten in Fiesole, u.a. im antiken Amphitheater (www.estatefiesolana.it).

Juni–September: Estate Fiorentina. Musik, Tanz und Events an jährlich wechselnden Orten; Strandleben am Lungarno Serristori, Kultur und Kino in den Murate und im Amphitheater der Cascine (www.firenzestate.it).

7. September: Festa della Rificolona. Beim Laternenfest ziehen Kinder aus allen Stadtteilen mit ihren bunten

Rau geht es zu beim »Calcio Storico«

Laternen von der Piazza SS. Annunziata bis zum Arno.

Oktober: Biennale dell'Antiquariato. Eine der wichtigsten Antiquitätenausstellungen Italiens, die nur in ungeraden Jahren stattfindet (http://biennaleantiquariato.it).

Oktober: Musica dei Popoli. Einen Monat Konzerte von Musikern aus aller Welt (www.musicadeipopoli.com).

Oktober–April: Konzerte, Opern-Ballett- und Theateraufführungen im Teatro Comunale und in anderen Häusern der Stadt.

November: Festival dei Popoli. Kinofestival an diversen Veranstaltungsorten. Die Filme werden im Original mit italienischen Untertiteln gezeigt (www.festivaldeipopoli.org).

Ganzjährig: Una notte al museo. Jeden letzten Samstag im Monat sind die staatlichen Museen länger geöffnet (19–23 Uhr), z.B. Uffizien, Cappelle Medicee, Galleria dell'Accademica.

Programminfos

Über das aktuelle Veranstaltungsprogramm informieren das Tourismusamt (www.firenzeturismo.it › S. 138), die Tageszeitungen »La Repubblica« und »La Nazione«, die Zeitschriften »Florence Concierge Information« und für junge Leute »Zero Firenze« (italienisch, http://firenze.zero.eu) sowie die Monatshefte »Informacittà« (gratis bei der Touristeninformation, www.informacitta.net) und »Firenze Spettacolo« (www.firenzespettacolo.it).

SEITENBLICK

Italienisch für Anfänger

Ein Italien-Aufenthalt ist umso schöner, wenn man auch die Sprache ein wenig beherrscht. Neben Sprachkursen werden in Florenz aber auch beispielsweise Kurse im Kochen und Malen angeboten. Eine Auswahl:

- **Centro di Cultura per Stranieri dell'Università di Firenze**
  Günstige Sprach- und Kulturkurse, staatliche Einrichtung.
  Via Francesco Valori 9 | Tel. 05 52 75 69 38 | www.ccs.unifi.it
- **Schule Koinè**
  Die Schule widmet sich in kleinen Gruppen der italienischen Sprache und Kultur.
  Borgo Santa Croce 17 | Tel. 0 55 21 38 81 | www.koinecenter.com
- **A. B. C.**
  Sehr engagierte Schule.
  Palazzo Malvisi | Via de' Rustici 7 | Tel. 0 55 21 20 01 | www.abcschool.com
- **Scuola Leonardo da Vinci**
  Italienischunterricht, Kochen, Malen, auch Wein-, Design- und Modethemen.
  Via Bufalini 3 | Tel. 0 55 26 11 81 | www.scuolaleonardo.com
- **Cordon Bleu**
  Der Name ist französisch, die Kochkunst original italienisch, Unterricht u.a. in Englisch, abwechslungsreiches Kursangebot.
  Via di Mezzo 55r | Tel. 05 52 34 54 68 | www.cordonbleu-it.com

Im Innenhof des Palazzo Vecchio

Der historische Kern

Das Beste!

- Den Blick vom Campanile über Florenz genießen › S. 64
- Die berühmten Renaissancekünstler im Dombaumuseum bewundern › S. 65
- In der Via de' Tornabuoni bummeln gehen › S. 77
- Eine Schokolade im Café Rivoire auf der Piazza della Signoria trinken › S. 68
- Am Abend über den Ponte Vecchio spazieren › S. 72
- Mit einem Aperitif in einer Nobelbar den Abend stilvoll beginnen › S. 78

Der Puls der Arnostadt schlägt im historischen Kern, der mit seiner Dichte an Bauten, Bildern und Skulpturen aus der Renaissance als Gesamtensemble zum UNESCO-Weltkulturerbe erklärt wurde. Zugleich lockt Florenz als angesagte Modestadt.

Nirgendwo sonst auf der Welt existiert eine derartige Dichte an Bauten, Bildern und Skulpturen aus der Renaissance wie im Herzen von Florenz, das die UNESCO als einmaliges geschlossenes Gesamtensemble zum Weltkulturerbe ernannte. Der historische Kern deckt sich mit dem römischen *Florentia*, wie die rechtwinklige Straßenanlage zwischen Via de' Tornabuoni im Westen, Via del Proconsolo im Osten, Domplatz im Norden und Arnoufer im Süden noch gut erkennen lässt.

Tausende von Besuchern spazieren hier täglich vom Domplatz über die Touristenmeile Via de' Calzaiuoli zum Sitz der weltlichen Herrschaft an der Piazza della Signoria: Die farbige Monumentalität des Doms, des Campanile und des Baptisteriums steht in einem beeindruckenden Gegensatz zur strengen Amtsmacht des Palazzo Vecchio und der noblen Leichtigkeit der Loggia dei Lanzi. Man kann hier das schönste Dombaumuseum der Toskana und eine der größten Gemäldegalerien der Welt besuchen.

Massive Adelspaläste setzen architektonische Akzente – weltbekannte Topdesigner haben hier, in der Via de' Tornabuoni und rund um die großartige Piazza della Repubblica, ihre edlen Boutiquen angesiedelt, die zum Kauf verführen. Südlich der Piazza locken die großen internationalen Modeketten ein breites Publikum in ihre Läden. Die traditionsreichen Cafés laden zu Cappuccino und kalorienbewusstem *Light Lunch*, trendige Bars zum abendlichen *Aperitivo* und kleine Lokale zu den preisgünstigen klassischen Panini.

Im historischen Kern schlägt der Puls der Arnostadt, hier trifft man auf die elegante Florentiner High Society ebenso wie auf eine internationale Besucherschar, ein bunt gemischtes Publikum, das sich in den Seitengassen vor unzähligen Läden verliert – selbst mitten im von Touristen dauerbelagerten Zentrum!

Oben: Freskodetail im Baptisterium
Links: Die Uffizien zeigen eine der bedeutendsten Gemäldesammlungen der Welt

Touren im historischen Kern

Tour 4 Vom Dom zum Palazzo Vecchio

Tour-Übersicht:

Verlauf: *****Baptisterium › **Dom › **Campanile › Loggia del Bigallo › **Dombaumuseum › Casa di Dante › *Orsanmichele › *Piazza della Signoria › **Palazzo Vecchio › *Loggia dei Lanzi › ***Uffizien › *Ponte Vecchio**

Dauer: 6 Std. (ohne Uffizien)

Praktische Hinweise:

- Die Tour führt durch die Fußgängerzone. Zum Domplatz sind es vom Bahnhof 10 Min. zu Fuß.
- Achten Sie auf Ihre Wertsachen.
- Um Wartezeiten an den Uffizien zu vermeiden, reserviert man Tickets bei Firenze Musei › **S. 138**. Sammelticket (*biglietto unico*, 10 €, bis 14 Jahre gratis) für Baptisterium, Campanile, Domkuppel, -krypta, Dombaumuseum; 24 Std. gültig (http://ilgrandemuseodelduomo.it).

Tour-Start:

1 ***Baptisterium 1

Zu den ältesten Gebäuden der Stadt zählt das Baptisterium. Die Ursprünge des achteckigen Baus (zwischen dem 4. und 8. Jh.) liegen bis heute im Dunkeln. Im 11. Jh. erhielt die Taufkapelle ihr heutiges Aussehen. Ihre vollkommene Harmonie und klare Linienführung machten sie zu einem der eindrucksvollsten Zeugnisse der Florentiner Protorenaissance, die wegen ihrer antiken Ideale als Vorläuferin der eigentlichen Renaissance des 15. Jhs. gilt. Selbst Dante und Brunelleschi hielten das Baptisterium für einen Bau der Antike: Man traute dem Mittelalter etwas derart Formvollendetes nicht zu. Die Besonderheit ist das Zusammenspiel von architektonischer Struktur und Marmordekor: Die streng geometrisch gegliederten Flächen aus weißem und grünem Marmor benötigen keinen Skulpturenschmuck; die klassische Linienführung der über zwei Geschosse laufenden Rundbogen und der geometrischen Verkleidung würde dadurch nur an Zauber verlieren.

Ein Muss ist der Blick ins Innere des Baptisteriums. Die reiche **Marmorverkleidung** der Wände, die byzantinisch beeinflussten Muster des **Fußbodens** überraschen. Doch alles in den Schatten stellen die Mosaiken der Apsis und der Kuppel: Die Meister dieser Technik, Venezianer, schufen sie im 13. Jh. (Mo–Sa 11.15 bis 18.30, 1. Sa im Monat, So, Fei 8.30–13.30 Uhr, Eintritt s.o.).

Erst-! klassi

**Bronzeportale

Jedes der drei Portale ist ein Kleinod für sich, das bereits die Zeitgenossen begeisterte. 1330 stellte Andrea Pisano das **Südportal** fertig, auf dem in den 20 oberen Reliefs die Geschichte von Johannes dem Täufer – Namenspatron des Taufhauses – geschildert wird. Die Erzählfolge

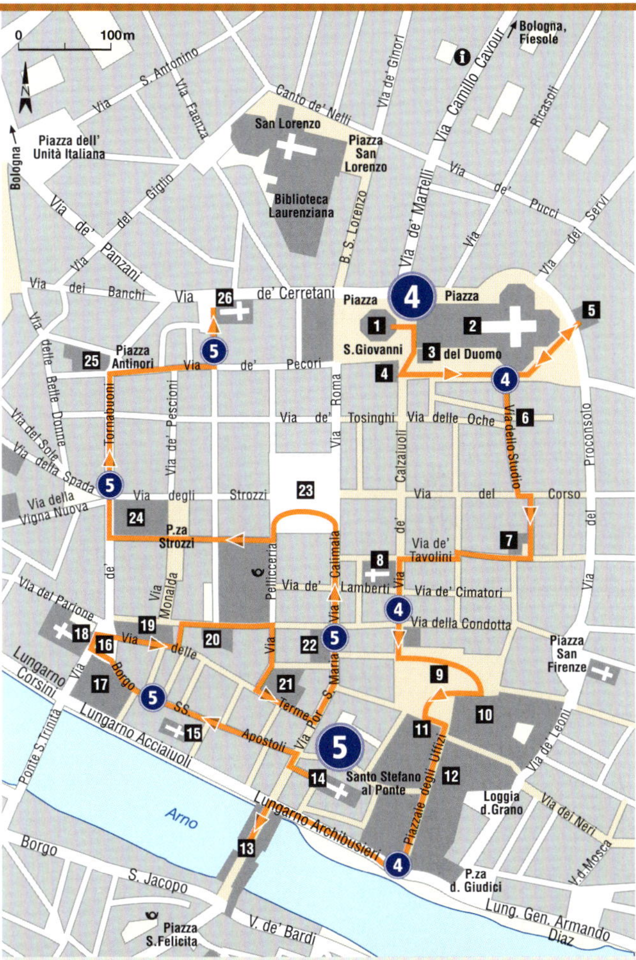

Touren im historischen Kern

Tour 4

Vom Dom zum Palazzo Vecchio

1 Baptisterium
2 Dom Santa Maria del Fiore
3 Campanile
4 Loggia del Bigallo
5 Dombaumuseum
6 Opera del Duomo
7 Museo Casa di Dante
8 Orsanmichele
9 Piazza della Signoria
10 Palazzo Vecchio
11 Loggia dei Lanzi
12 Uffizien
13 Ponte Vecchio

Tour 5

Vom Mittelalter in die Welt der Mode

14 Santo Stefano al Ponte
15 Santissimi Apostoli
16 Piazza Santa Trinita
17 Palazzo Spini-Feroni
18 Santa Trinita
19 Palazzo Bartolini Salimbeni
20 Museo della Casa Fiorentina Antica
21 Palazzo di Parte Guelfa
22 Mercato Nuovo
23 Piazza della Repubblica
24 Palazzo Strozzi
25 Palazzo Antinori
26 Santa Maria Maggiore

führt jeweils paarweise von links oben nach unten; genau auf Augenhöhe befindet sich die Taufe Christi im Jordan.

Das gegenüberliegende **Nordportal** mit Szenen des Neuen Testaments schuf Lorenzo Ghiberti. Seine Taufe Christi weist große Ähnlichkeit mit der Pisanos auf, Ghiberti verlieh dem Relief jedoch mehr Tiefe.

Paradiestür – so nannte Michelangelo bewundernd das **Mittelportal** gegenüber dem Dom. Ghiberti erhielt 1425 den Auftrag für dieses dritte Portal, reduzierte die ursprünglich geplanten 24 Felder auf zehn (Originale im Dommuseum) und stellte die Episoden des Alten Testaments mit Hilfe der neu entdeckten Zentralperspektive dar. Von links oben: Vertreibung aus dem Paradies, Kain erschlägt Abel, Trunkenheit Noahs, Opferung Isaaks, Jakob und Esau, Josef wird als Sklave verkauft, Moses erhält die Zehn Gebote, Fall Jerichos, Schlacht gegen die Philister, Salomon und die Königin von Saba. Architektur- und Landschaftsdarstellungen geben den Szenen Tiefe.

Lorenzo Ghibertis Taufe Christi

**Dom Santa Maria del Fiore 2

Pisa legte im 11. Jh. den Grundstein zu seinem prächtigen Dom, Siena im 12. Jh., Lucca zu Beginn des 13. Jhs. Und die Hauptkirche von Florenz war noch immer die kleine Santa Reparata! Der Führungsanspruch und die neue Machtposition der Stadtrepublik in der Toskana verlangten nach einem repräsentativen Neubau. Daher wurde 1294 der Stadtbaumeister Arnolfo di Cambio mit der Aufgabe betraut, das schönstmögliche Gebäude zu errichten. Er tat sein Bestes: Mit 153 m Länge und 38 m Breite schuf Arnolfo eine der bis heute größten Kirchen der Welt; bei ihrer Fertigstellung 1434 war sie die größte in Europa. Die Reste der alten Kirche Santa Reparata aus dem 4. Jh. sowie römische Mosaikfußböden erwarten Sie unterhalb des heutigen Baus (Zugang im Dominneren, Eintritt › **S. 60**).

Erst-! klassig

Öffnungszeiten Dom: Mo–Mi, Fr 10–17, Do bis 16.30, Sa bis 16.45, So, Fei 13.30–16.45 Uhr, Eintritt gratis.

Brunelleschis Kuppel

Als unübersehbares Wahrzeichen des Doms und der Stadt ragt die mächtige, sich auf 90 m erhebende rote Kuppel empor. Im Jahr 1366 stimmten die Bürger für den Vorschlag einer Künstlergruppe, die Kirche mit einer riesigen Kuppel abzuschließen, welche – auf einen Tambour (Unterbau) gesetzt – die Dächer der Stadt weithin überragen sollte. Man war Ende des 14. Jhs. wirtschaftlich führend in der Toskana und wollte das auch zeigen. Nach dem Motto »Kommt Zeit, kommt Rat« machte sich niemand über die Realisierung der Kuppel Gedanken.

Immerhin entspricht ihr Durchmesser mit 42 m dem des römischen Pantheon; seit der Antike hatte niemand mehr gewagt, eine derartige Weite zu überspannen. Filippo Brunelleschi gewann 1418 die Ausschreibung; dass seine sich selbst tragende **Doppelschalenkonstruktion** jedoch die Jahrhunderte überdauern würde, glaubte niemand so recht. Nicht gotische Strebepfeiler leiten hier die Spannungen ab, Brunelleschi wählte mit den drei kleeblattartigen Chorkapellen eine elegantere Lösung. Die ebenfalls von Brunelleschi entworfene Krone des Ganzen, eine 107 m Höhe erreichende **Marmorlaterne,** hält mit ihrem Gewicht bis heute das bedeutendste architektonische Werk seiner Zeit zusammen. Trotz der immens langen Bauzeit – die Fassade wurde erst Ende des 19. Jhs. angefügt – erzielte man durch die durchgehende Verwendung von weißem Marmor aus Carrara, grünem aus Prato und rotem aus der Maremma eine beeindruckende Einheitlichkeit.

Kunstwerke im Inneren

Im Vergleich zur äußeren Farbigkeit des Doms wirkt das dreischiffige Innere ernüchternd. Beim Blick in die

Der Dom Santa Maria del Fiore war einst die größte Kirche Europas

Kuppel überraschen jedoch die herrlichen restaurierten Fresken des ***Jüngsten Gerichts** von Vasari und seinem Schüler Zuccari.

Die Fenster des Tambours und des Kapellenkranzes wurden nach Entwürfen berühmter Renaissancekünstler wie Donatello, Paolo Uccello und Lorenzo Ghiberti gefertigt. Luca della Robbia schuf die eindrucksvollen emaillierten ***Terrakotten** über den Portalen der Sakristeien.

Volksbildung und Würdigung des größten Sohnes der Stadt in einem: Die Republik förderte öffentliche Lesungen von Dantes Hauptwerk die »Göttliche Komödie« vor dem Gemälde »Dante und seine Welten«, das 1465 zu seinem 200. Geburtstag entstand. Zu Lebzeiten schickte man den Dichter ins Exil,

Der stolze Campanile und das rote Dächermeer von Florenz

posthum huldigte man ihm. Die gemalten Reiterstandbilder des Söldnerführers John Hawkwood von Paolo Uccello (1436; rechts) sowie des Niccolò da Tolentino von Andrea del Castagno (1456; links) erinnern an die großen, frei stehenden Reiterskulpturen der Renaissance – die wechselseitige Beeinflussung von Malerei und Bildhauerei tritt hier klar zu Tage.

Man beschließt die Besichtigung des geistlichen Zentrums der Stadt würdig, indem man an der Nordseite des Doms eines der besten Beispiele gotischer Skulpturenkunst in Florenz bewundert, die **Porta della Mandorla** (um 1400), und die Domkuppel besteigt. Ein Erlebnis ist der Blick auf Stadt und Umland (Mo–Fr 8.30–19, Sa bis 17.40 Uhr, Kassenschluss 40 Min. vor Schließung, Eintritt › **S. 60**).

Erst-! klassig

**Campanile 3

Wem die Besteigung der Domkuppel zu anstrengend ist, der kann die 414 Stufen auf den mit 84 m etwas niedrigeren Campanile (Glockenturm) hinaufsteigen. Der Anblick des roten Dächermeeres, der Kirchtürme und Palazzi inmitten der grünen Hügel belohnt für die Mühe.

Erst-! klassig

Als man Giotto 1334 zum neuen Dombaumeister ernannte, zog dieser die Errichtung des Campanile der Arbeit an der Kirche vor. Von ihm stammt die Idee mit den achteckigen Pilastern und der dreifarbigen Marmordekoration, die später für den Dom übernommen wurde. Im Mittelpunkt der aufkommenden Renaissancephilosophie stand der Mensch. Ein hierfür typisches Bildprogramm zeigen bereits die Reliefs am Campanile aus den 1330er-Jahren: Mit der Erschaffung Adams beginnt die Menschheitsgeschichte; mittels der »Arti Minori« (Handwerkskünste) erzielt der Mensch erste Fortschritte; die sieben Planeten beeinflussen seinen Weg; durch die Sieben Freien Künste und die sieben Sakramente erreicht er schließlich Vollkommenheit (Kasse tgl. 8.30–18.50 Uhr, Eintritt › **S. 60**).

Loggia del Bigallo 4

In unserer Zeit rufen Fernsehbilder von Kriegswaisen zu Spenden für in Not geratene Menschen auf. Früher dagegen stellte man die verlassenen Kinder selbst unter der reizenden gotischen Loggia del Bigallo aus und appellierte so an das mildtätige Herz der Öffentlichkeit. Im Gebäude befindet sich seit 2011 eine Touristeninformation. Seitdem ist das kleine Museum mit der ältesten Stadtansicht von Florenz (1342) wieder geöffnet.

**Dombaumuseum 5

Den besten Blick auf die einmalige Kuppel- und Kapellenkonstruktion des Doms gewährt der Weg zum aufwendig renovierten Dombaumuseum (Museo dell' Opera del Duomo). Ist dessen Glanzstück die ***Pietà** von Michelangelo oder sind es die Reliefs der beiden ***Sängerkanzeln?** Luca della Robbia lässt römisch gekleidete Knaben und Mädchen in natürlicher Haltung singen, tanzen und musizieren. Die etwa zur gleichen Zeit geschaffene Sängerkanzel von Donatello scheint der Antike enger verhaftet zu sein, eine klare Linienführung und Plastizität der Personen kennzeichnen das Meisterwerk.

Die Darstellung des Individuums, seiner Gefühle und ein realitätsnahes Aussehen zählen zu den Idealen der Renaissance. Einzigartig geglückt ist Donatello dies bei den Propheten Jeremias und Habakuk – der Kahlkopf des Letzteren trug ihm den Spitznamen Zuccone (»Kürbis«) ein. Welch tiefes Einfühlungsvermögen Donatello besaß, beweist die Holzskulptur der reumütigen ***Magdalena.** Die **Skulpturen Arnolfo di Cambios** für die 1587 zerstörte Fassade des Doms sowie die ***Originalreliefs des Campanile** zählen zu den kostbarsten Schätzen des Museums. Die Reliefs geben durch ihre wirklichkeitsnahe Darstellung der Handwerkskünste Einblick ins Florentiner Alltagsleben des 14. und 15. Jhs. Einen Eindruck der beim Kuppelbau eingesetzten Techniken und Arbeitsweisen vermitteln Arbeitsgeräte und Modelle Brunelleschis (Kasse Mo–Sa 9 bis 18.50, So, Fei 9–13 Uhr, Museum z.T. in restauro, Eintritt › S. 60).

Florenz von oben

Erst-! klassig

- Auf der roten **Domkuppel** steht man mitten in der Stadt und genießt einen zauberhaften Blick auf das Centro Storico › S. 64.
- Die Aussicht vom **Campanile** reicht über das Dächermeer von Florenz, und auch die Domkonstruktion sieht man von einem privilegierten Standpunkt › S. 64.
- Das Panorama vom **Loggiato di Saturno im Palazzo Vecchio** öffnet sich über den Arno hinauf in die grünen Hügel › S. 69.
- Von der **Terrasse des Cafés der Uffizien** überblicken Sie – bei Eis, Kaffee, Kuchen oder Cocktails – das lebhafte Treiben unten an der Piazza della Signoria und sehen den Palazzo Vecchio aus einer ganz neuen Perspektive › S. 71.
- Beim Cappuccino auf der **Dachterrasse des Kaufhauses La Rinascente** schauen Sie direkt auf den Triumphbogen an der Piazza della Repubblica › S. 77.
- In der lichten **Caffeteria delle Oblate** haben Sie die Domkuppel voll im Blick › S. 90.

› Karte S. 61

Dante-Bildnis im Dom

In der nahe gelegenen Via dello Studio 23Ar kann man in der Werkstatt der **Opera del Duomo** 6 (Dombauhütte), die schon für den Domneubau im 13. Jh. gegründet wurde, den Restauratoren bei der Arbeit zusehen.

Erst-! klassig

Shopping

Der **Museumsshop** im Dombaumuseum bietet neben Kunstbänden auch hübsche Mitbringsel.

Museo Casa di Dante 7

Ob der berühmteste Dichter Italiens, Dante Alighieri › **S. 67**, im Haus in der Via Margherita 1 wirklich das Licht der Welt erblickte, kann die Forschung nicht sicher sagen.

In dem nach modernen museologischen Gesichtspunkten neu organisierten Museum erfährt man Wissenswertes zum Nationaldichter Italiens, dem Florenz seiner Zeit sowie zur Rezeptionsgeschichte seiner Werke (www.museocasadidante.it, tgl. 10–18 Uhr, Okt.–März Di–So 10–17 Uhr, Eintritt Kinder 7–12 Jahre 2 €, ab 13 Jahre 4 €).

Restaurants

GustaVino ●●●
Experimentelle Küche in einem modern gestylten Lokal. Tgl. mittags und abends.
- Via della Condotta 37r
- Tel. 05 52 39 98 06 | www.gustavino.it

Trattoria Da i 5 Amici ●
Die typische Florentiner Trattoria serviert leckere Tagesmenüs. Mo geschl.
- Via de' Cimatori 30r
- Tel. 0 55 21 45 55
- www.ristorantedai5amici.it

I due Fratellini ●
Exzellente Panini, dazu ein Glas Wein im Stehen, im Freien: Florentiner lieben »die beiden Brüder« seit 1875.
- Via de' Cimatori 38r
- Tel. 05 52 39 60 96
- www.iduefratellini.com

Erst-! klassi

Eisdielen

Festival del Gelato
Über 50 Eissorten stehen zur Wahl, darunter Kreationen wie Rose, Zeder oder Passionsfrucht.
- Via del Corso 75r

Perché no!…
Historische Eisdiele, auch exzellente Granite und Semifreddi. Di geschl.
- Via dei Tavolini 19r
- www.percheno.firenze.it

Shopping

Mitbringsel rund um den Chianti Classico Gallo Nero findet man im **Il Posto dei Desideri,** Via dei Tavolini 7r.

*Orsanmichele 8

Von der Markthalle zur Kirche, vom Getreidespeicher zur Galerie: So lässt sich die Historie von Orsanmichele in Kürze zusammenfassen. 1337 wurde hier eine offene, auf zehn äußeren und zwei inneren Pilastern ruhende Loggia für den Getreidemarkt errichtet. Doch die Verehrung eines Mariengemäldes am Gebäude gab den Ausschlag, die Arkaden von 1367 bis 1380 zu schließen, um einen Gebetsraum zu schaffen; die beiden oberen Stockwerke dienten bis ins 16. Jh. als Getreidespeicher. Beim Umbau entstand eine wundervolle zweischiffige Kirche: Das feine **Maßwerk** der Fenster zählt ebenso zu den Glanzpunkten der Gotik in Florenz wie das beeindruckende, mehr als reichhaltig mit bunten Marmorintarsien, Glas und Reliefs geschmückte **Tabernakel** im Inneren des Gebäudes.

Auf halbem Weg zwischen Dom und Palazzo Vecchio gelegen, wurde Orsanmichele zur Kirche der im 14. Jh. regierenden Zünfte. Die Schutzpatrone der Arti für die Nischen wurden bei den besten Künstlern ihrer Zeit in Auftrag gegeben; hier lässt sich die Entstehung der Renaissanceskulptur anhand von Kopien wunderbar nachvollziehen. Zum Schutz vor Luftverschmutzung und saurem Regen sind die restaurierten Originale heute im Museum im 1. Stock ausgestellt.

Der **hl. Georg** von Donatello (1416; Nordseite; Original im Bargello) zeichnet sich durch seinen kühnen Blick und die stolze Hal-

SEITENBLICK

Dante Alighieri

Der berühmteste Sohn von Florenz (1265–1321) begann seine Laufbahn als Politiker. Er schloss sich den Weißen Guelfen an, wurde mehrmals in hohe Ämter gewählt und musste 1302 ins Exil, nachdem seine Partei im innerstädtischen Machtkampf unterlegen war. In der Verbannung verfasste Dante etwa ab 1311 bis zu seinem Tode sein Hauptwerk, die »Göttliche Komödie«, in die er das gesammelte Wissen seiner Zeit einfließen ließ: Auf seiner in hundert Gesängen geschilderten Reise in die Unterwelt trifft der Dichter – geführt von Vergil – in der Hölle und im Fegefeuer die Bösen dieser Welt, während ihn seine angebetete Beatrice zu den erlösten Seelen ins Paradies geleitet. Die Zeitgenossen erkannten sich in diesem Werk wieder.

Wie der Aretiner Humanist und Lyriker Francesco Petrarca (1304–1374) und der in Florenz aufgewachsene Giovanni Boccaccio (1313–1375) – seine Novellen im »Decamerone« zeichnen ein witziges, manchmal deftiges Bild des Lebens im 14. Jh. – schrieb auch Dante in *Volgare*, dem Italienisch seiner Zeit. Da die drei größten Autoren Italiens aus der Toskana stammten, entschied man sich im 16. Jh. für das Toskanische als italienische Nationalsprache. Falls Sie also einen Italienischkurs machen wollen: Florentiner Italienisch entspricht dem Oxford-Englisch! Nur eine Eigenart sollten Sie nicht übernehmen: In Florenz aspiriert man K-Laute mit einem »H«, aus Coca-Cola wird »Chocha-Chola«!

tung aus. Auf dem Relief mit dem Drachenkampf wandte der Künstler erstmals konsequent die Zentralperspektive an, eine Perspektive, die Tiefe suggeriert. Donatello ist damit der Erfinder des Flachreliefs. Zu Beginn des 15. Jhs. konnte lediglich Nanni di Banco mit Donatello mithalten. Seine **Vier Gekrönten Heiligen** (nach 1413) in der nächsten Nische zeigen eine kreative Auseinandersetzung mit der Antike (Kirche tgl. 10–17, Museum Mo 10 bis 17 Uhr, beide gratis).

2 *Piazza della Signoria 9

Grandios: Am Ende der Via de' Calzaiuoli öffnet sich die Piazza, das politische Zentrum der Stadt. Majestätisch wacht der 94 m hohe Turm des Palazzo Vecchio über das pulsierende Leben zu seinen Füßen. Palast und Loggia wurden von der Republik errichtet, und die Medici-Großherzöge steuerten später den **Neptunbrunnen** von Ammannati (1575) und das **Reiterdenkmal** Cosimos I. von Giambologna (1594) bei. Für weitere großartige Paläste oder eine prächtige Kirche etwa blieb schließlich nach der intensiven Bautätigkeit im 16. und 17. Jh. in der Stadt kein Raum mehr; nur die Piazze waren noch frei geblieben. So statteten die Großherzöge nun diese üppig mit Brunnen, Säulen und Standbildern aus.

Links vom Palazzo Vecchio, hinter dem Reiterdenkmal Cosimos I., zog die Alta Moda mit dem **Gucci Museo** › S. 37 in den Palazzo della Mercatanzia ein.

Zwischenstopp: Café

Rivoire

In der eleganten Café-Konfiserie genießt man die berühmten Schokoladenkreationen direkt gegenüber dem Palazzo Vecchio und hat dabei die ganze Piazza von einem bevorzugten Sitzplatz aus im Blick. Mo geschl.

- Piazza della Signoria/ Via Vacchereccia 4r
- Tel. 0 55 21 44 12
- www.rivoire.it

Erst-klassi

**Palazzo Vecchio 10

Klar beherrscht wird die Piazza vom Palazzo Vecchio, noch heute das Rathaus der Stadt. Prestigebauten verdeutlichen, wer seit 1293 die Macht in Händen hielt. So beauftragten die Zünfte 1298 Arnolfo di Cambio mit der Errichtung eines repräsentativen Wohn- und Amtssitzes. Nach dem Vorbild des kommunalen Palazzo in Volterra erbaut, erhebt sich der Palazzo Vecchio noch wuchtiger. Ursprünglich war er rechteckig angelegt, feine Gesimse unterstreichen die Gliederung des Gebäudes in drei Blöcke; das Motiv des zinnenbekrönten Laufgangs wird an der Glockenstube und am Turm wieder aufgenommen, der den majestätischen Wehrcharakter vervollständigt. Die Uhr, 1667 angebracht, funktioniert noch immer – deutsche Wertarbeit des Augsburgers Georg Lederle.

Die Innenräume

An der Kopie des »David« von Michelangelo (Original › S. 88) vorbei tritt man in den anmutigen Innenhof, den Michelozzo 1453 im Stil der Frührenaissance neu gestaltete. Anlässlich der Hochzeit Johannas von Österreich mit Francesco de' Medici schmückte Vasari 1565 die Wände mit Ansichten von Städten der österreichischen Lande. Schon hier bekommt man eine Ahnung davon, welch prunkvolle Gemächer sich in dieser Fürstenresidenz europäischen Ranges verbergen.

Der großartige **Saal der Fünfhundert** *(Salone dei Cinquecento)*, der 1494 im 1. Stock nach der Vertreibung der Medici zum Sitzungssaal der Ratsherren deklariert wurde, zelebriert nun die Taten Cosimos I. Riesige Wand- und Deckenfresken von Vasari und seinen Schülern zeigen den Aufbau des Herzogtums, jeder Hinweis auf die Republik wurde aus diesem Raum getilgt. Aus den Skulpturen ragen der Genio della Vittoria (Sieg) von Michelangelo und der Triumph von Florenz über Pisa von Giambologna (Original zu sehen im Bargello) besonders heraus.

Nach einem Blick ins von Vasari entworfene **Studiolo Francescos I.** warten muskelbepackte Krieger im reich dekorierten Saal Papst Leos X.; in der Belagerung von Mailand zeigt Vasari die Männer in allen erdenklichen Posen – typisch für den Manierismus: die verdrehten Körper. Allegorien der Luft (Decke), der Erde, des Feuers und des Wassers – verkörpert durch Venus, die aus den Fluten steigt – schmücken die **Sala degli Elementi** im 2. Stock. Nicht nur das Innere bietet Interessantes:

Erst-! klassig

Der Loggiato di Saturno schenkt einen malerischen Blick auf Santa Croce, San Miniato al Monte und Forte Belvedere.

Nicht übersehen sollte man den reizenden Putto mit Delfin von Andrea del Verrocchio (Kopie im Innenhof) in dem Terrazzo di Giunone. Den **Quartiere Eleonoras von Toledo,** der Gattin Cosimos I., gestaltete ebenfalls Vasari, die Dekoration ihrer Kapelle gilt als eines der Hauptwerke Bronzinos, der hier zwischen 1540 und 1545 den Manierismus bereits vorwegnimmt.

Zu den schönsten Räumen des Palazzo zählen die **Sala dell'Udienza** mit dem Wappen von Florenz in der beeindruckenden goldenen Kasset-

Der Palazzo Vecchio dominiert die Piazza della Signoria

› Karte S. 61

Ein Lehrstück des Manierismus: »Raub der Sabinerinnen«

tendecke und die ***Sala dei Gigli**, die ursprünglich einen einzigen riesigen Raum bildeten. Selbst die Türen sind prachtvoll! Und auch ein Blick nach oben lohnt sich: Die Goldlilien der französischen Anjou, die den Florentiner Guelfen zum Sieg verhalfen, überziehen den leuchtend blauen Untergrund. Donatellos Skulpturengruppe »Judith und Holofernes« vervollständigt den Prunk.

Von Domenico Ghirlandaio stammt das Wandfresko der Sala dei Gigli mit San Zanobi, dem ersten Bischof von Florenz, zwischen den Heiligen Lorenzo und Stefano sowie den Helden der römischen Republik (Brutus, Cicero, Scipio u.a.) – ihre Freiheitsliebe und republikanischen Tugenden sollten den Regierenden ein Vorbild sein. Neben der **Kanzlei**, in der Niccolò Machiavelli als oberster Chef noch heute in Gestalt einer Büste und eines Porträts präsent ist, liegt die **Sala delle Carte Geografiche.**

Öffnungszeiten Palazzo Vecchio: Okt.–März Mo–Mi, Fr–So 9–19, Do, Fei 9–14, April–Sept. Mo–Mi, Fr–So 9–24, Do, Fei 9–14 Uhr, Eintritt 10 €; Turm April–Sept. 9–21, Do 9–14 Uhr, im Winter kürzer, bei Regen geschl., Eintritt 10 €; Palazzo und Turm 14 €, bis 18 Jahre gratis, 18–25 und über 65 Jahre 8 €, Palazzo und Turm 12 €).

Zwischenstopp: **Restaurant**

Wine Bar dei Frescobaldi ●–●●●
Die Weinbar an der Nordecke der Piazza serviert zu Frescobaldi-Tropfen edle Gerichte wie Thunfischtartar, aber auch ausgesuchte Käsespezialitäten.

- Via dei Magazzini 2–4r
- Tel. 0 55 28 47 24
- www.deifrescobaldi.it

*Loggia dei Lanzi 11

Die Loggia dei Lanzi kommt Ihnen irgendwie bekannt vor? Dem bayerischen König Ludwig I. gefiel die Loggia so gut, dass er sie zum Vorbild für den Bau der Feldherrnhalle am Odeonsplatz in München nahm. Die 1376–1382 errichtete repräsentative Empfangshalle, eigentlich die Loggia della Signoria, sollte laut Ratsbeschluss »schön und bemerkenswert« werden. Obschon noch in der Zeit der Gotik gebaut, weisen ihre einfachen, klaren Linien darauf hin, dass der Sinn für klassische Schönheit in Florenz stets vorhanden war. Ihren Namen erhielt die Loggia übrigens von den *Lanzichenecchi*, den unter den hohen Bogen stationierten Landsknechten.

Cosimo I. überließ die Halle den Bildhauern als Arbeitsstätte und leitete so die Entwicklung zum »Freilichtmuseum« Florenz ein. Stolz hält ***Perseus** das Haupt der toten Medusa, für Cosimo I. ein Symbol: Er fühlte sich als neuer Perseus, der die Stadt von ihren Feinden – seinen republiktreuen innenpolitischen Gegnern – befreit hatte. Benvenuto Cellini schuf dieses Meisterwerk des Manierismus. Die verrenkte Haltung der Medusa betont noch die ruhige Pose des Perseus.

Den ***Raub der Sabinerinnen** entwickelte Giambologna dramatisch von unten nach oben: Der Sabiner hält den Römer, der Römer die Frau des Sabiners. Mit dieser prächtigen *figura serpentinata* (geschlängelter Figurenaufbau) erreichte der Manierismus seinen Höhepunkt.

Erst-! klassig

3 ***Uffizien 12

1555 brachte Herzog Cosimo de' Medici mit der Eroberung Sienas die Errichtung des Regionalstaates Toskana zum Abschluss. Um seine Territorien zu regieren, benötigte er eine Verwaltungszentrale: Nach Plänen von Vasari entstanden 1559 bis 1580 südlich vom Palazzo Vecchio und der Loggia dei Lanzi die Uffizien. Der Palast erstreckt sich bis zum Ufer des Arno. Heute beherbergen die ehemaligen Amtsräume (ital. *uffizi*) in 45 Sälen mit 2000 ausgestellten Objekten (Bestand 3800) eine der bedeutendsten Gemäldesammlungen der Welt: 1737 schenkte Anna Maria Luisa, die letzte Medici, den nachfolgenden Lothringern die gesamten Kunstschätze, die ihre Vorfahren seit dem 16. Jh. zusammengetragen hatten – einzige Bedingung dabei war: Die Schätze mussten in Florenz und für die Öffentlichkeit zugänglich bleiben.

Erst-! klassig

Vom riesigen Bestand der Uffizien konnte bislang jedoch nur weniger als die Hälfte gezeigt werden; das Museum soll daher bis 2014 beträchtlich erweitert, technisch modernisiert und mit einem umstrittenen neuen Ausgang versehen werden. Angesichts der schon heute immensen Zahl ausgestellter Exponate sollte man bereits vor dem Besuch eine Auswahl unter den chronologisch und geografisch angeordneten Sälen treffen.

Öffnungszeiten Uffizien: Di–So 8.15–18.50 Uhr, Eintritt 6,50 €; Sonderausstellungen zusätzlicher Eintritt. Ticketreservierung (Gebühr 4 €) zur Vermeidung von Wartezeiten unter Tel. 0 55 29 48 83 und www.firenzemusei.it; Informationen unter www.polomuseale.firenze.it und www.nuoviuffizi.it. Während des Umbaus bleiben die Uffizien geöffnet, Besucher müssen allerdings mit Unbequemlichkeiten rechnen, wechselnde Säle geschl. Über den Stand der Arbeiten informiert: www.nuoviuffizi.it.

Die Maler

Neben einem Querschnitt klassischer toskanischer Malerei (Cimabue, Giotto, Botticelli, Leonardo da Vinci und Michelangelo) besitzt die Galerie bedeutende Werke von Malern anderer italienischer Regionen (des Umbriers Raffael, der Venezianer Giovanni Bellini, Giorgione, Tizian, Tintoretto oder des Lombarden Caravaggio) sowie deutscher (Dürer, Cranach, Altdorfer, Holbein) und niederländischer Meister (Brueghel, Rubens, Rembrandt).

Die Gemälde

In den ersten Sälen ist toskanische Malerei von Vertretern der stilisierten byzantinischen Formensprache wie Duccio di Buoninsegna bis zu den ersten gotischen Malern wie Cimabue und dessen Schüler Giotto zu sehen. Zu den Hauptwerken dieser Epoche zählen Duccios ***Madonna Rucellai,** die ***Maestà di Santa Trinita** von Cimabue sowie die ***Madonna d'Ognissanti** von Giotto; schöne Beispiele für die Farbgebung und Erzählfreude der Gotik stammen vom Florentiner Lorenzo Monaco sowie vom Lombarden Gentile da Fabriano, dessen Gemälde – wie ***Adorazione dei Magi** – eine anmutige Natürlichkeit ausstrahlen.

Das Bild ***Madonna mit Kind und hl. Anna** von Masaccio zeigt erste Ansätze der neu entdeckten Perspektive; Fra Angelicos **Seligkeit,** Paolo Uccellos perfekte Anwendung der Zentralperspektive in ***Battaglia di San Romano** sowie Domenico Venezianos Verzicht auf den mystischen Goldhintergrund bei der ***Madonna mit Kind und Heiligen** leiten über zu den großartigen ***Porträts des Herzogs Federico da Montefeltro und seiner Frau** von Piero della Francesca.

Besondere Höhepunkte der Renaissance sind die Gemälde *Frühling (Primavera) und *Geburt der Venus (Nascità di Venere) von Sandro Botticelli. Die unvollendete ***Adorazione dei Magi** von Leonardo da Vinci sowie das einzige sicher von Michelangelo selbst vollendete Gemälde ***Tondo Doni** zählen zu den Hauptwerken. Andrea del Sartos ***Madonna delle Arpie,** Pontormos ***Cena in Emmaus** und Domenico Beccafumis Werke bilden den würdigen Abschluss dieser Epoche der toskanischen Malerei.

Erst-! klassig

Im umlaufenden Gang stehen Originale und Kopien griechischer und römischer Statuen; ein Glanzstück der Medici-Sammlung ist die ***Medici-Venus** (1. Jh. v. Chr.) in der Tribuna.

*Ponte Vecchio 13

4

Den besten Blick auf die älteste, 1345 errichtete Brücke der Stadt genießt man vom Quertrakt der Uffizien aus. Wenn sich die Abendsonne im Fluss spiegelt, kommen auf diesem Wahrzeichen der Stadt romantische Gefühle auf. Auch bei Tage bezaubert die Alte Brücke. Seit dem 14. Jh. sind Geschäfte und Werkstätten von Handwerkern auf der Brücke bezeugt. Großherzog Ferdinando I. reservierte die Läden allein den Gold- und Silberschmieden. Der überdachte Wandelgang geht auf Cosimo I. zurück.

Erst-! klassig

SPECIAL

Regionalstaat Florenz

Florenz war seit Karl dem Großen Teil des Heiligen Römischen Reiches Deutscher Nation. In der Praxis regierten sich die Florentiner seit dem 12. Jh. selbst. Der Aufschwung ab dem 10. Jh. ließ auch in Florenz Wirtschaft und Bevölkerung wachsen. Wohlhabende Großkaufleute nutzten nach dem Tod der Markgräfin Mathilde 1115 die Gelegenheit und nahmen die Geschicke der Stadt in ihre Hand. Aus ihren Reihen wählte man die zwölf regierenden *Consoli;* 1183 musste Kaiser Friedrich I. Barbarossa im Frieden von Konstanz die kommunale Autonomie anerkennen. Zur Sicherung der Verkehrswege bemächtigte sich Florenz der Burgen des Feudaladels im Umland und gliederte deren Gebiete in den Stadtstaat ein. Die Stadtherrschaft weitete sich auf die Umgebung, *Contado,* aus. Da auch andere Stadtstaaten einen großen *Contado* zu gewinnen suchten, kam es zu Konflikten. Die steigende Wirtschaftskraft, Florentiner Kaufleute und Bankiers beherrschten im 14. Jh. die Märkte vom Mittelmeerraum bis England, verschaffte den finanziellen Spielraum für die territoriale Expansion. Wenn nötig, eroberte man die Nachbarstädte mit Gewalt, lieber jedoch kaufte man sie einfach auf, wie 1351 Prato, 1384 Arezzo, 1411 Cortona und 1421 Livorno. Die Hauptrivalinnen waren Pisa, Siena und Lucca. Der entscheidende Schlag zur Vorherrschaft in der Toskana gelang der Stadt am Arno 1406 mit der Eroberung Pisas (Siena hielt sich noch bis 1555, Lucca blieb bis 1847), zudem verschaffte sich Florenz damit den ersehnten Zugang zum Meer.

Aus der Kommune war eine Regionalmacht mit viel größerer Bühne für ihre Politik geworden. So bestimmte die Republik im 15. Jh. die Geschicke Italiens mit, bevor sie im 16. Jh. mit den anderen Regionalstaaten Italiens den aufstrebenden Nationalstaaten Frankreich und Spanien das Feld überlassen musste.

Bild oben: Fest zum Geburtstag des Renaissance-Meisters Michelangelo Buonarroti

Tour 5

Vom Mittelalter in die Welt der Mode

Tour-Übersicht:

Verlauf: **Santo Stefano al Ponte › Santissimi Apostoli › Piazza Santa Trinita › Palazzo Spini-Ferroni › *Santa Trinita › Palazzo Bartolini Salimbeni › *Museo della Casa Fiorentina › Palazzo di Parte Guelfa › Mercato Nuovo › Piazza della Repubblica › Palazzo Strozzi › Palazzo Antinori › Santa Maria Maggiore**

Dauer: 3 Stunden (ohne Museums- oder Kirchenbesuche).

Praktische Hinweise:

- Mittags trifft man sich im Modeviertel in den eleganten Café-Bars zu einem leichten Mittagessen, abends zum Aperitif.
- Die Kirchen SS. Apostoli und Santa Trinita sind 12–16 Uhr geschl.

Tour-Start: Borgo SS. Apostoli

Die mittelalterliche Straße Borgo SS. Apostoli ist von strengen Fassaden gesäumt. Der Name verweist darauf, dass dieses historische Viertel einst außerhalb der römischen Stadtmauern eine Vorstadt *(borgo)* bildete.

An der Ecke zur Via Por S. Maria erhebt sich der strenge Turm der Baldovinetti, ein typisches Beispiel für die Wohntürme des 12. Jhs. Die Regierung der Kaufleute setzte um 1250 den Abriss der 150 Geschlechtertürme bzw. deren Schleifung (auf 29 m) durch. Viele Wohntürme wurden im 13. Jh. in größere Paläste integriert. Schräg gegenüber dem Borgo SS. Apostoli liegt versteckt in einem Innenhof eine der wenigen romanischen Kirchen der Stadt, **Santo Stefano al Ponte** 14. Ein Erlebnis sind die Konzerte in dem mit grünem und weißem Marmor verzierten Bau.

Erst-klassi

Eine weitere romanische Musterkirche wartet im Borgo, **Santissimi Apostoli** 15. Ihr strenges Äußeres aus dem 11. Jh. wirkt neben den prachtvollen Renaissance-Gotteshäusern beinahe fremd. Vom Lungarno aus kann man in einem engen Hof durch einen Bogen einen Blick auf die romanische Apsis werfen.

An der Piazza Santa Trinita 16

Cosimo I. ließ 1565 auf dieser Piazza die römische Granitsäule mit der Giustizia (Gerechtigkeit) aufstellen. Genau an dieser Stelle hatte ihn 1554 die Nachricht vom endgültigen Sieg über die Sienesen erreicht.

Palazzo Spini-Feroni 17

Noch als traditioneller, festungsartiger Palast zeigt sich der zinnenbekrönte Palazzo Spini-Feroni aus dem 13. Jh., einer der größten mittelalterlichen Bauten der Stadt. Der Blick in die edlen Schaufenster des Schuhdesigners Ferragamo dürfte die Damen entzücken. Die Schuhkreationen des Meisters für Marilyn Monroe oder Greta Garbo bestechen im Museo Salvatore Ferragamo › S. 37.

› Karte
S. 61

Ghirlandaios »Bestätigung der Ordensregeln der Benediktiner« kann man in der Sassetti-Kapelle bewundern

*Santa Trinita 18

Die bedeutendsten Florentiner des 15. Jhs. findet man in der Kirche Santa Trinita. Ihre barocke Fassade überspielt die Strenge des romanischen Baus der Vallombrosaner, eines Reformordens des 11. Jhs., der sich für eine erneuerte Kirche einsetzte. Wie andere Orden auch luden sie reiche Kaufleute ein, die Kapellen ihrer Kirche auszuschmücken. Wer Geld gegen Zinsen verlieh – das Hauptgeschäft der Florentiner Händler und Bankiers –, konnte sein schlechtes Gewissen mit einer Freskenspende beruhigen und zugleich sich wie auch seiner Familie ein bleibendes Denkmal setzen.

Francesco Sassetti, Geschäftsführer der Medici-Bank, gab den Auftrag für den ***Zyklus** im rechten Querschiff (rechte Kapelle). In den Geschichten aus dem Leben des Franz von Assisi setzte Domenico Ghirlandaio die Reichen und Schönen sowie das Florenz seiner Zeit ins Bild. In der Lünette entdeckt man den Palazzo Vecchio und die Loggia dei Lanzi, im Vordergrund rechts Lorenzo il Magnifico mit Sassetti (der Mann mit Glatze) und dessen Sohn. Da sich die führenden Mitglieder der Gesellschaft dem humanistischen Bildungsideal verpflichtet fühlten, ließen sie sich gern zusammen mit berühmten zeitgenössischen Humanisten abbilden: Neben den Söhnen Lorenzos steigt der Dichter Agnolo Poliziano die Treppe hinauf. Dass Sassetti seinem Gönner Lorenzo il Magnifico schmeicheln wollte, ist nicht zu übersehen. In der Szene darunter (Auferweckung des Kindes), die Ghirlandaio auf der Piazza Santa Trinita spielen lässt, erkennt man die gotische Fassade der Kirche und den Palazzo Spini-Feroni. Beachtung verdienen auch die **Fresken**

Erst-! klassig

Lorenzo Monacos in der vierten Kapelle des rechten Längsschiffs, vor allem das Verkündigungsgemälde (8–12, 16–18 Uhr, Eintritt frei).

Palazzo Bartolini Salimbeni 19

Der neue Stil des 16. Jhs. manifestierte sich nicht nur in den Bauten der Medici-Fürsten. Auch beim Bau der Stadtpaläste übernahm Baccio d'Agnolo klassische Formen des päpstlichen Roms. So schmücken beim Palazzo Bartolini Salimbeni statt der Florentiner Rundbogen rechteckige Fenster mit Fensterkreuz die plastisch modellierte Fassade. Der weit vorspringende Schmuck inszenierte ein in Florenz bisher unbekanntes Licht-Schatten-Spiel; hier kündigt sich der Manierismus an.

Zwischenstopp: **Restaurants**

Rose's ●–●●

In-Bar gleich rechts von Santa Trinita. Mittags *Light Lunch*, abends Aperitif und Mediterranes.

- Via del Parione 26r
- Tel. 0 55 28 70 90 | www.roses.it
- Mo–Sa 12–15.30, 19–1.30 Uhr

Florian

Erst-! klassig

Für eine Kaffeepause ideal: die Filiale des berühmten Florian in Venedig

- Via del Parione 28r | Tel. 0 55 28 42 91

Moyé ●–●●

Die »Apulien Food lovers« bieten exzellente apulische Gerichten, hausgemachte Nudeln, Mozzarella und Salate.

- Via del Parione 16r
- Tel. 055 28 56 35 | www.moye.it
- Tgl. ab 8–23, Fr, Sa bis 24 Uhr

*Museo della Casa Fiorentina Antica 20

Die Strozzi, die Antinori – überall in Florenz trifft man auf Adelsfamilien und ihre Paläste. Einen einmaligen Einblick in das Alltagsleben dieser erlauchten Kreise im 14. Jh. gewährt das Museum im **Palazzo Davanzati**. Seine Architektur macht ihn zum anschaulichen Modell für den Palastbau vor der Pestkrise des Jahres 1348; im Inneren kann man die dekorierten Wohn-, Schlaf- und Küchenräume mit mittelalterlicher Ausstattung studieren. Besonders beindruckend sind die Sala dei Pappagalli mit ihren Wandteppichen, welche Papageien zeigen, und die Fresken des Schlafzimmers (tgl. außer 2. und 4. So sowie 1., 3. und 5. Mo im Monat 8.15–13.50 Uhr, 2 €, Besichtigung bei Aufsehermangel nur mit Führung; Tel. 05 52 38 86 10).

Palazzo di Parte Guelfa 21

In der Nähe steht das Hauptquartier der Guelfen in Florenz aus dem 13. Jh. Einen Palazzo der gegnerischen Ghibellinen-Partei wird man vergeblich suchen – alle Erinnerungen an die Verlierer wurden getilgt, während man den Palast der Guelfen durch Brunelleschi im Obergeschoss und Vasari (Aufgang) verschönern ließ.

Mercato Nuovo 22

Porcellino – die bronzene Brunnenfigur eines Ebers (Kopie einer Skulptur von Pietro Tacca) – wartet bei der Loggia an der Kreuzung Via Porta Rossa und Via Calimala. Es

› Karte
S. 61

soll Glück bringen, seine Nase zu berühren und ihm eine Münze ins Maul zu legen. In den Jahren 1547 bis 1551 errichtete man die Loggia des Mercato Nuovo für den Verkauf wertvoller Seidenstoffe und Textilien, später konnte man hier die berühmten Florentiner Strohhüte erwerben, heute Lederwaren und Souvenirs.

Glücksbringer Porcellino

Zwischenstopp: Imbiss

Erst-! klassig Florentiner Streetfood erhält man beim **Trippaio** (Kuttelstand) direkt an der Loggia.

Piazza della Repubblica 23

Der geschichtsträchtigste Ort der Stadt ist das Herz von Florenz. Hier lag das römische Forum und seit dem Mittelalter der Markt. Doch lärmendes Handelstreiben, enge Gassen, Wohntürme, das jüdische Ghetto – all das musste 1885 dem ambitionierten Projekt eines repräsentativen Zentrums weichen. Die Nachwehen der großen Neuerungen von 1865 bis 1870, als Florenz Hauptstadt Italiens war, ließen ein volkstümliches Viertel gänzlich verschwinden. Am Abend kann man auf der Piazza den Tag stilvoll ausklingen lassen. Erst-! klassig

Cafés

Zu den traditionsreichsten Cafés der Stadt an der Piazza della Repubblica gehört das **Giubbe Rosse**; hier verkehrten Anfang des 20. Jhs. den Futuristen nahe stehende Intellektuelle und während des Faschismus die Schriftsteller Eugenio Montale (Nobelpreis 1975) und Elio Vittorini.

Livemusik erklingt bis spät nachts aus dem gegenüberliegenden eleganten **Paszkowski.**

Nebenan lockt **Gilli** mit wunderbarem Gebäck im stilvollen Innenraum.

Eine großartige Aussicht auf die Piazza bietet das Café auf der Dachterrasse des Kaufhauses **La Rinascente.** Erst-! klassig

Luxusmeile Via de' Tornabuoni 5

In der Via de' Tornabuoni weiß man nie, ob man nun den Palazzo selbst oder seinen Inhalt bewundern soll. Ein Bummel führt an den Auslagen von Roberto Cavalli, Tiffany, Bulgari, Armani, Prada, Pucci und Gucci vorbei. Viele Nobelboutiquen wie Louis Vuitton, Cartier oder Dolce & Gabbana wanderten in die Via degli Strozzi, auf die Piazza degli Strozzi (Armani) und die Via de' Tosinghi (Valentino) ab: Die teuersten Läden verlagern sich näher zur Piazza della Repubblica hin.

Cafés und Bars

Für eine exklusive Pause beim Shoppen bieten die Designer mittlerweile in die Geschäfte integrierte Nobelbars: **Café Giacosa** im Modetempel von Roberto Cavalli (Via de' Tornabuoni 83r) oder **Michele Negri** (Via de' Pescioni 11r). **Procacci** (Via de' Tornabuoni 64r) verzückt mit seinen berühmten Trüffelschnitten. **H&B** (Via de' Pescioni 8r) zählt zu den eleganten In-Treffs.

Palazzo Strozzi 24

Auch in der Renaissance gab es abergläubische Menschen. So setzte Filippo Strozzi nach astrologischen Berechnungen den Baubeginn für den großartigen Stadtpalast auf den 6. August 1492 fest. Der Baumeister Benedetto da Maiano nahm sich den Medici-Palast von Michelozzo (heute Palazzo Medici-Riccardi) zum Vorbild. Die sich nach oben hin verjüngenden Quadersteine und das elegante Gesims von Cronaca schmücken ein harmonisch wirkendes Gebäude. Achten Sie auf die originalen Renaissance-Pferderinge, -Leuchter und -Fackelhalter. Heute wird der Palazzo für Ausstellungen und Veranstaltungen genutzt. Programminfos unter: www.palazzostrozzi.org.

Zwischenstopp: Café

Im Innenhof des Palazzo Strozzi bietet das **Caffè Giacosa** tagsüber bei angenehmer Kühle Kuchen (tgl. geöffnet).

Palazzo Antinori 25

Wie stark die Kontinuität der tonangebenden Schicht von Florenz seit dem Mittelalter ist, zeigt diese Familie: Seit 1502 leben die Antinori in dem typischen Adelspalast des 15. Jhs. an der Piazza Antinori.

Zwischenstopp: **Restaurant**

Cantinetta ●●–●●●

In dem guten Restaurant im Palazzo Antinori kann man edle Weine verkosten.

- Tel. 0 55 29 22 34
- www.cantinetta-antinori.com
- Mo–Fr 12–14.30, 19–22.30 Uhr

Santa Maria Maggiore 26

Hinter der schlichten Fassade des mittelalterlichen Gotteshauses verbirgt sich eine reich ausgestattete Bettelordenskirche des 13. Jhs. Der Vorgängerbau war romanisch. Die **Madonna del Carpine** (»Thronende Madonna«), eine Verbindung aus Relief und Malerei (linke Chorkapelle, Original Uffizien), zählt zu den Hauptwerken des Florentiners Coppo di Marcovaldo und ist eines der wenigen erhaltenen Bilder des 13. Jhs. Hier herrscht eine Ruhe, als hielte man sich irgendwo am Stadtrand auf, dabei sind es nur wenige Schritte bis zum belebten Domplatz.

Zwischenstopp: **Restaurant**

Obikà ●–●●

Im Innenhof des Palazzo Tornabuoni serviert die Mozzarella-Bar die wunderbaren weißen Kugeln und viele andere wohlschmeckende kleinere und größere Speisen. Ab 18.30 Uhr Aperitif, jeden So ab 12 Uhr Mozzarella-Brunch.

- Via de' Tornabuoni 16
- Tel. 05 52 77 35 26 | http://obika.com

Beliebt ist der Kleidermarkt von San Lorenzo

Viertel San Giovanni

Das Beste!

- Im Kreuzgang von San Lorenzo die Stille genießen › S. 82
- Deftige Florentiner Küche in der Markthalle kosten › S. 86
- Im Cenacolo Sant'Apollonia abseits der Massen Renaissancekunst bestaunen › S. 86
- Michelangelos »David« im Original betrachten › S. 88
- Durch den Botanischen Garten flanieren › S. 93

› Karte S. 83

Kunstgenuss vom Feinsten und kulinarische Freuden lassen sich im Schatten von San Lorenzo verbinden. Weitere Museen warten mit archäologischen und prähistorischen Schätzen auf.

Verlässt man den Domplatz gen Norden, bevölkern immer mehr Studenten die Straßen. San Giovanni gilt als Ballungszentrum intellektuellen Wissens und verfügt über künstlerisch herausragende Bibliotheksbauten wie die Bibliothek in San Marco von Michelozzo und die Biblioteca Medicea Laurenziana, die nach einem der wenigen architektonischen Entwürfe Michelangelos für die Stadt erbaut wurde. Auch der Botanische Garten und die Museen der naturwissenschaftlichen Institute gehören zur Universität.

Doch nicht nur Studenten, auch Hausfrauen und Geschäftsleute, Florentiner und Touristen trifft man auf den Straßen. Rund um die belebte Markthalle herrscht Florentiner Alltag. Bars und Stehpizzerien bieten preisgünstig Panini und Focacce an. Die flachen Brötchen werden mit *Prosciutto* (Schinken), Salami oder *Formaggio* (Käse) belegt und warm gegessen. Ein kühles Bier vom Fass *(birra alla spina)* dazu oder ein Gläschen Wein, und man kann gestärkt weiterziehen. Nördlich der Markthalle hat sich eine multikulturelle Gemeinschaft mit asiatischen und afrikanischen Lebensmittelgeschäften, islamischen Metzgereien und alternativ angehauchten Läden angesiedelt.

Kulinarische Genüsse

Je weiter man Markt und San Lorenzo-Kirche Richtung Nordosten verlässt, desto mehr taucht man in eine gehobene, ruhige Wohngegend ein. Auch die Medici wohnten einst in diesem Stadtteil, gleich bei San Lorenzo; auf ihren Spuren begegnet man Werken von Michelozzo, Brunelleschi, Donatello und Michelangelo. Fast himmlisch, umgeben von einer Aura der Seligkeit wirken die Bilder Fra Angelicos, jugendlich der David von Michelangelo, erhaben die antiken Skulpturen der Etrusker und Römer, feingliedrig die Marmorintarsien im Opificio, urwüchsig ein Mammutskelett: Die Museen des Viertels bieten für jeden Geschmack etwas.

Touren im Viertel San Giovanni

Tour 6 Medici, Michelangelo und Markt

Tour-Übersicht:

Verlauf: ****Palazzo Medici-Riccardi › **San Lorenzo › **Cappelle Medicee › Zentrale Markthalle › **Cenacolo di Sant'Apollonia › Piazza San Marco › Universität › *Galleria dell'Accademia › **Opificio delle Pietre Dure › *Rotunde Santa Maria degli Angeli › Biblioteca delle Oblate**

Dauer: 5–6 Stunden

Praktische Hinweise:

- Die Markthalle ist nur werktags bis 14 Uhr geöffnet.
- Achten Sie auf Ihre Wertsachen an den stark besuchten touristischen Highlights.
- Wer lange Wartezeiten an der Galleria dell'Accademia vermeiden möchte, reserviert seine Tickets bei Firenze Musei › S. 138.

Tour-Start:

**Palazzo Medici-Riccardi 1

Auf die Medici geht der Prototyp des adeligen Stadtpalasts, der Palazzo Medici-Riccardi, zurück. Unzählige Kopien des massiven und trotzdem eleganten Baus prägen bis heute das Stadtbild von Florenz. Bis zum Umzug in den Palazzo Vecchio war er der Familienwohnsitz der Medici, 1659 wurde er an die Riccardi verkauft – daher der Doppelname.

Die neue Macht Cosimo de' Medicis nach seiner Rückkehr aus der Verbannung 1434 unterstreicht nichts nachhaltiger als der von seinem Lieblingsarchitekten Michelozzo (ab 1444) errichtete Palazzo: Hier schmücken – bisher öffentlichen Bauten vorbehaltene – rustikale Quadersteine ein Privatgebäude! Die Fassade ist klar in drei Geschosse gegliedert; die groben Quadersteine des Untergeschosses werden im mittleren Geschoss von behauenen und im Obergeschoss von glatt verfugten Blöcken abgelöst. Und erstmals seit der Antike beschließt ein weit vorspringendes Gesims ein Florentiner Gebäude. Das Motiv des Rechtecks und der Dreiteilung wird von Michelozzo im eleganten Innenhof wieder aufgenommen – und dieser durfte künftig in keinem Adelspalast mehr fehlen. Doch nicht nur das Gebäude, auch die Innenausstattung, die im Rahmen einer Erweiterung des Museums-Parcours nun teilweise besichtigt werden kann, verherrlicht die führende Florentiner Familie. Selbst barocke Malerei vom Feinsten zeigt der Palazzo in der **Sala di Luca Giordano,** römische Skulpturen im **Museo dei Marmi** im stimmungsvollen kleinen Garten. Die Palastkapelle übertrifft jedoch alles.

Erst-! klassig

› Karte S. 83

6

**Cappella dei Magi

Erst-klassig

Stolz reitet Lorenzo il Magnifico im Goldpanzer als einer der Heiligen Drei Könige: Kein Bild drückt besser den Aufstieg der Medici-Dynastie aus – selbst ihre Gleichsetzung mit biblischen Personen scheuten sie nicht mehr. Im Freskenzyklus **Zug der Heiligen Drei Könige** in der Cappella dei Magi gelang Benozzo Gozzoli ein großes Renaissancewerk. In lebhaften Farben porträtiert er vor einer weiten Landschaft prächtig gekleidete Menschen: Der junge Mann links (mit dem Geparden) ist der Bruder Lorenzos, Giuliano, der 1478 bei der Verschwörung der Pazzi im Dom ermordet wurde; die drei jungen Mädchen mit Federn sind Lorenzos Schwestern; hinter Lorenzo reiten sein Vater Piero il Gottoso und auf dem Muli daneben sein Halbbruder Carlo. Der Künstler selbst verewigte sich in dem Mann mit rotem Hut und der Inschrift »Opus Benotii« (Werk Benozzos). Zum großartigen Ambiente der Kapelle tragen die Holzdecke, das intarsiengeschmückte Chorgestühl und der geometrisch gemusterte Marmorboden bei (www.palazzo-medici.it, Do–Di 9–18 Uhr, Eintritt 7 €, 6–12, über 65 Jahre 4 €).

Buch-Tipp:

Eine überaus schillernde Chronik des die Stadt so lange beherrschenden Clans liefern Volker Reinhardt mit **Die Medici. Florenz im Zeitalter der Renaissance** (Beck, 2007) und James Cleugh mit **Die Medici – Macht und Glanz einer europäischen Familie** (Piper, 2002). Ein Sitten- und Liebesgemälde jener Zeit entwirft Salman Rushdie in seinem Roman **Die bezaubernde Florentinerin** (rororo, 2010), der die Welt der Medici mit der Mogul-Kultur Indiens vereint.

**San Lorenzo 2

Fast übersieht man vor lauter Marktständen die schmucklose Fassade der Familienkirche der Medici. Sie übten das Patronat über San Lorenzo aus und verleibten sich eine der geschichtlich bedeutendsten Florentiner Basiliken quasi als Hauskirche ein; San Lorenzo wurde 393 zur ersten Bischofskirche von Florenz geweiht. Giovanni di Bicci › S. 49 erteilte 1421 Brunelleschi den Auftrag zur radikalen Neugestaltung (Mo–Sa 10–17, März–Okt. auch So, Fei 13.30–17 Uhr, Eintritt 4,50 €, Kinder bis 11 Jahre frei).

Innenraum

Der Innenraum zählt zu den Glanzpunkten der Renaissancearchitektur; seiner vollkommenen Harmonie liegen genaue mathematische Berechnungen zugrunde. Jedem Bogen des durch Säulen mit korinthischen Kapitellen gegliederten Hauptschiffs entspricht je eine Kapelle in den Seitenschiffen.

Zwei Spätwerke Donatellos, deren Feinheit und Gefühlsbetontheit es zu bewundern gilt, sind die ***Bronzereliefs** der Kanzeln (um 1460). Besondere Beachtung verdienen der ausdrucksstarke Christus im Auferstehungsrelief der rechten Kanzel (zzt. in restauro) sowie die Kreuzabnahme gegenüber. Zu den schönsten Arbeiten Desiderio da Settignanos zählt der **Sakra-**

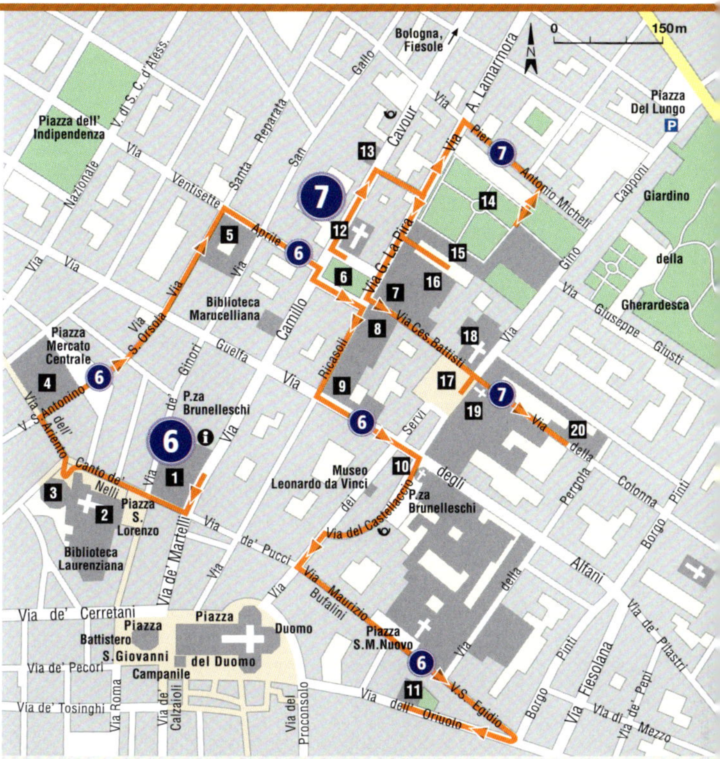

Touren im Viertel San Giovanni

Tour 6

Medici, Michelangelo und Markt

1 Palazzo Medici-Riccardi
2 San Lorenzo
3 Cappelle Medicee
4 Zentrale Markthalle
5 Cenacolo di Sant'Apollonia
6 Piazza San Marco
7 Universität
8 Galleria dell'Accademia
9 Opificio delle Pietre Dure
10 Rotunde Santa Maria degli Angeli
11 Biblioteca delle Oblate

Tour 7

Renaissancekunst, Mammuts und Antike

12 Kloster und Kirche San Marco
13 Chiostro dello Scalzo
14 Giardino dei Semplici
15 Museum für Geologie und Paläontologie
16 Museum für Mineralogie und Gesteinskunde
17 Piazza Santissima Annunziata
18 Santissima Annunziata
19 Ospedale degli Innocenti
20 Museo Archeologico

mentsaltar gegenüber der rechten Kanzel.

**Sagrestia Vecchia

Die kunstvoll mit Intarsien geschmückte Tür im linken Querschiff führt in die Alte Sakristei von Brunelleschi. Die klaren Linien und die genaue Proportionierung zeichnen diesen ersten vollkommenen Zentralbau seit der Antike aus; seine Apsis spiegelt im Kleinen die Struktur des Gesamtraums wider. Einzigartig ist auch das von Donatello geschaffene Zusammenspiel von Architektur und Stuckdekoration: Ob der Fries mit den blauen Engelsköpfen und rotem Seraphim, die Lünetten mit den Heiligen Kosmas und Damian (Schutzpatrone der Ärzte und damit auch der Medici; rechts), Lorenz und Stefan (links), die vier Tondi mit den Evangelisten oder in den Zwickeln die Szenen aus dem Leben des Evangelisten Johannes – jede Arbeit zeigt den Fantasiereichtum und das Können Donatellos, von dem auch die **Bronzetüren** stammen. In diesem Kleinod ruht sanft unter dem Sternenhimmel im Marmorgrabmal der Auftraggeber. Die letzte Ruhestätte von Piero und Giovanni de' Medici, Cosimos Söhnen, an der linken Wand schuf Andrea del Verrocchio 1472.

Donatello musste sich mit einem historisierenden Grabmonument aus dem 19. Jh. begnügen (letzte Kapelle des Querschiffs, rechte Wand), dafür schmückt eine zauberhafte ***Verkündigung** von Filippo Lippi den Altar. Welten entfernt von der Zartheit Lippis: das Fresko ***Martyrium des hl. Lorenz** von Bronzino (gegenüber der linken Kanzel), das den Manierismus auf seinem Höhepunkt zeigt.

Figur der Abenddämmerung am Grabmal des Lorenzo I. de' Medici

Zwischenstopp: Restaurants

The ClubHouse ●–●●

Sympathisches, großes Lokal im Bistrostil; serviert Pizza ebenso wie amerikanische Gerichte.

- Via de' Ginori 6r | Tel. 0 55 21 14 27
- Tgl. 11–2 Uhr

Casa del Vino

Erst-! klassig

Eine Florentiner Institution: Großartige Panini und Weine schmecken auch im Stehen.

- Via dell'Ariento 16r
- Tel. 0 55 21 56 09
- www.casadelvino.it
- Mo–Sa 9.30–20.30 Uhr, Juni, Juli, Sept. nur Mo–Fr, Aug. geschl.

**Biblioteca Medicea Laurenziana

Das Orangenbäumchen in der Mitte verleiht dem reizenden ***Kreuzgang** links neben der Kirche eine heitere

Note. An der rechten hinteren Ecke betritt man durch ein monumentales ***Treppenhaus** eine der berühmtesten Bibliotheken überhaupt – einzigartig wegen ihrer formvollendeten Architektur, aber auch wegen ihrer reichen Bestände. Fenster, Decke, Fußboden, Lesebänke, um jede Einzelheit kümmerte sich Michelangelo selbst, der hier ab 1523 im Auftrag des Medici-Papstes Clemens VII. ein praxisnahes Studienambiente für Laien schuf – im Mittelalter besaßen nur geistliche Institute große Bibliotheken. Cosimo de' Medici hatte, von humanistischen Bildungsidealen beseelt, den Grundstock der Bibliothek erworben – heute besitzt die Laurenziana

Erst-klassig die bedeutendste Handschriftensammlung Italiens (www.bml.firenze.sbn.it, Mo–Sa 9.30–13.30 Uhr, Eintritt, Besucher nur für Ausstellungen geöffnet, Sammelticket mit Kirche San Lorenzo).

**Cappelle Medicee 3

Die Cappelle Medicee (Zugang hinter San Lorenzo) sind ihr Eintrittsgeld wert: Immerhin betritt man ein über und über mit wertvollen Steinen bestücktes Schatzkästchen (Cappella dei Principi), und die Neue Sakristei hat Michelangelo selbst entworfen (19. März–3. Nov. 8.15–17, sonst bis 13.50 Uhr, 2. und 4. So sowie 1., 3. und 5. Mo im Monat geschl.; Kartenvorbestellung, Ermäßigungen › **S. 138**, Eintritt 6 €).

*Cappella dei Principi

Die rote, weithin sichtbare Kuppel dieser Kapelle von Matteo Nigetti bildet den äußeren Glanzpunkt der Grablege der Medici-Großherzöge. Cosimo I. plante diesen Rausch der Sinne, sein Sohn Ferdinando I. führte ihn aus. Aus der ganzen Welt ließ der Herzog seltene Steine und wertvolle Halbedelsteine zusammentragen. So sind die Wappen der toskanischen Städte aus Jaspis, Quarzen, Lapislazuli, Alabaster, Korallen und Perlmutt.

**Neue Sakristei

Auch die Neue Sakristei entstand als Grabmonument der Medici-Familie. Ihr Spross Papst Leo X. beauftragte 1520 den Besten – Michelangelo – mit der Ausführung, und dieser schuf das Modell für die manieristische Architektur der Zukunft. In Anlehnung an die Alte Sakristei von Brunelleschi konzipierte Michelangelo den Raum, fügte jedoch unterhalb der Kuppel, die dem römischen Pantheon nachempfunden ist, die elegante Fensterreihe mit Giebeln ein, um die vertikale Spannung zu erhöhen. Mächtige Wandpfeiler unterstreichen diese Dynamik, die sich auch in den Skulpturengruppen wiederholt, deren Würde und Eleganz man sich nur schwer entziehen kann: Der bewegte Körper des Kindes, die fein gearbeiteten Linien der ruhigen Madonna – obwohl das Werk unvollendet blieb, wird das Thema »Mutter und Kind« hier auf einzigartige Weise interpretiert.

Das Meisterwerk Michelangelos schmückt das **Grab von Lorenzo il Magnifico** und seinem Bruder Giuliano. Der muskelbepackte »Tag« und die junge schlafende »Nacht« (am Grab von Giuliano von Nemours, dem Sohn Lorenzos; rechts), die kräftige »Morgenröte«, die eben aus dem Schlaf zu erwachen scheint, und die einschlummernde »Abenddämmerung« (am gegenüberliegenden Grab Lorenzo da Urbinos, dem Enkel von Lorenzo il Magnifico) bilden eine wunderschöne Skulpturengruppe von bisher unbekannter Ausdruckskraft. Wie sehr Michelangelo vom bleibenden Wert seiner Arbeit überzeugt war, zeigt seine Antwort auf die Kritik der Zeitgenossen, das Gesicht Giulianos sei nicht naturgetreu gestaltet: »In zehn Jahrhunderten merkt das keiner mehr.«

7 Zentrale Markthalle 4 und Kleidermarkt

Nach so starken Eindrücken bummelt man am besten die Stände entlang bis zur **Zentralen Markthalle.** Von den Pariser Hallen (Les Halles) inspiriert, schuf Giuseppe Mengoni 1870 die elegante Eisen- und Glaskonstruktion. In den pittoresken Gassen des Marktes herrscht lebhaftes Treiben. Fisch, Fleisch, Käse und Brot, auch köstliche toskanische Spezialitäten bekommt man hier in der unteren Etage, mit frischem Gemüse und Obst für eine Pause kann man sich ebenfalls im Markt eindecken (Mo–Sa 7–14 Uhr). Erst-! klassig Bis spät nachts sitzt man auf der Piazza del Mercato Centrale, hinter der Markthalle, in den beliebten Café-Bars und Restaurants.

Rund um San Lorenzo und die Markthalle summt der Trubel des **Kleidermarkts.** Es lohnt sich, ein bisschen umherzuschauen, denn die Stände bieten neben Touristenware auch ansprechende Mode oder Handtaschen – zu günstigen Preisen. Auch in den Gässchen der Umgebung, vor allem Richtung Dom, kann man so manches Schnäppchen machen (Mo–So ganztägig). Erst-! klassig

Restaurants

Wer angesichts der verlockenden Auslagen Appetit bekommen hat, kann auf dem Markt die deftige Florentiner Küche probieren. *Trippa alla fiorentina* (Kutteln in Tomatensoße), *Coniglio* (Kaninchen) und *Verdure fritte* (frittiertes Gemüse) sind bei **Nerbone** (●) beliebte Gerichte. Auf der Piazza hinter den Hallen warten nette Cafés und **ZaZa** (●–●●, Nr. 26r, Tel. 0 55 21 54 11, www.trattoriazaza.it), wo im urigen Keller und auf der Piazza toskanische Küche aufgetischt wird. In der **Trattoria da Garibardi** (●–●●, Nr. 38r, Tel. 0 55 21 22 67, www.garibardi.it) können Sie wunderbare Pizza kosten, auch glutenfreie, sowie die typische Florentiner Küche.

**Cenacolo di Sant'Apollonia 5

Herrliche Fresken mitten in Florenz ganz alleine betrachten? Im Cenacolo di Sant'Apollonia geht dieser Wunsch fast immer in Erfüllung. Ob es vielleicht daran liegt, dass man im ehemaligen Refektorium der Benediktinerinnen kostenlos schauen darf? Ab 1445 malte Andrea del Castagno mit seinen Fresken »Auferstehung«, »Kreuzigung« und »Kreuzabnahme« über dem

***Abendmahlsfresko** (dem Bildnis des *Cenacolo*) ein typisches Bildprogramm für einen Klosterspeisesaal des 15. Jhs. Die Renaissancearchitektur des Speisesaals, das perspektivische Raumgefühl und die ausdrucksstarken Gesichter von Christus und den Aposteln zeigen, dass hier einer der bedeutenden Maler seiner Zeit am Werk war (tgl. 8.15–13.50 Uhr, 2. und 4. Mo sowie 1., 3. und 5. So im Monat geschl., gratis).

Zwischenstopp: **Restaurant**

Nabucco Wine Bar

Frühstück 7–15 Uhr, toskanische Mittagsküche, beliebt zum Aperitif, 200 italienische Weine zur Auswahl.

- Via XXVII Aprile 28r
- Tel. 0 55 47 50 87
- www.nabuccowinebar.it
- Mo–Sa 7–22 Uhr

Um die Universität

Lebhaft und laut geht es zu auf der **Piazza San Marco** 6 und in den Bars rund um die **Universität** 7. 1321 richtete die Republik eine Art Studium Generale ein: Als eine der ersten Lehrkräfte hielt Giovanni Boccaccio Vorlesungen über Dantes »Göttliche Komödie«. Papst Clemens VI. (1342–1352) bescherte Florenz die erste theologische Fakultät auf italienischem Boden.

Lorenzo il Magnifico verlegte den Lehrbetrieb nach Pisa, wo der Großteil der Fakultäten bis zum Ende des Großherzogtums 1859 blieb. Erst im Jahr 1923 durfte sich der Studienbetrieb in Florenz wieder offiziell Universität nennen. Heute ziehen vor allem die geisteswissenschaftlichen Fächer und der Lehrstuhl für Architektur Studenten aus ganz Italien an.

SEITENBLICK

Kollektionisten

Florenz zog Ende des 19. Jhs. Intellektuelle aus ganz Europa an, wie den Maler Arnold Böcklin, den Historiker Robert Davidsohn oder den Kunstwissenschaftler Aby Warburg. Sie beschäftigten sich mit der Stadt und ihren Kunstwerken, die – auch durch die in Mode gekommenen Bildungsreisen des europäischen Bürgertums – eine neue Wertschätzung erfuhren. In seinem Film »Zimmer mit Aussicht« schildert James Ivory eine derartige Florenzreise nach der gleichnamigen Romanvorlage von Edward M. Forster (München, 1986). Viele Ausländer, vor allem Engländer, ließen sich auf Dauer in der Stadt nieder, kauften den verarmten Adeligen ihre Paläste ab – und begannen zu sammeln. Zum Glück für die Stadt vermachten ihr zahlreiche Kunstfreunde die Kollektionen, die gleichzeitig einen Rückschluss auf die Welt der Sammler in der Zeit um 1900 erlauben. Ein Musterbeispiel ist die Sammlung Herbert Horne (1864–1916), der – angewidert von der industriellen Revolution in England – nach Florenz kam, um seiner Liebe zu Kunst und Schönheit der Renaissance zu frönen. Er erwarb den Palast der Familie Corsi › **S. 102** und richtete sich nach eigenen Worten die »feine herrschaftliche Wohnung eines gut situierten, gebildeten Renaissancemannes« ein.

Shopping

Erst-! klassig

Große und sehr gut sortierte Büchereien bzw. Buchhandlungen sind die **Biblioteca delle Oblate** › S. 89 mit ihrem Zeitschriftenleseraum, **Feltrinelli** (Via de' Cerretani 30/32r, www.lafeltrinelli.it) und **Feltrinelli International** (Via Cavour 12); hier finden Sie auch Literatur in deutscher Sprache. Zu den Branchenriesen gehört **ibs.it bookshop** (Via de' Cerretani 16r).

Michelangelos »David«

*Galleria dell'Accademia 8

Die erste Kunstakademie Europas entstand 1563 unter Mitwirkung Vasaris, Ammannatis und Bronzinos. Großherzog Pietro Leopoldo eröffnete 1784 die der Universität angeschlossene Galleria, die den Studenten die Größe toskanischer Meister des 14.–16. Jhs. vor Augen führen sollte.

Heute sorgt eher der gewaltige Besucherandrang für Grenzerfahrungen; das berühmteste Werk des Museums, das Original des 4,10 m hohen David von Michelangelo, wird man wohl nie in Ruhe bewundern können.

Schon eher die Skulpturen der ****Prigioni**, die – obwohl unvollendet – zu Michelangelos bedeutendsten Werken zählen. Generationen von Künstlern bis hin zu Auguste Rodin setzten sich mit diesen dramatischen Figuren auseinander. Die Sklaven *(prigioni)* der Erbsünde, die erst die christliche Botschaft erlöst, symbolisieren den zeitlosen Kampf der menschlichen Existenz um die Befreiung aus selbst geschaffenen Banden.

Es fällt schwer, sich von dieser eindringlichen Arbeit zu lösen und den nicht minder fesselnden Skulpturen ***Evangelist Matthäus** und ****David** zuzuwenden. Hinter der seit 2004 restaurierten und formvollendeten Figur des jungen Kriegers, der hier ohne Goliath darge-

Erst-! klassig

stellt wird und auf den ersten Blick auch ein Werk der Antike sein könnte, steht ein politisches Programm: David scheint auf Goliath zu warten – und genauso wachte er vor dem Palazzo Vecchio als Symbolfigur der republikanischen Freiheit der Stadt. Heute steht vor dem Palast, ebenso wie am Piazzale Michelangelo, nur eine Kopie der Figur.

Die Galerie ist kein reines Michelangelo-Museum, hier sind auch außergewöhnliche ***Arbeiten toskanischer Maler** zu sehen. Büsten von Franz Liszt und Lord Byron, um nur zwei von über 250 zu nennen, zählen zu den bekanntesten Werken der **Gipsoteca,** die Lorenzo Bartolini (1777–1850) anlegte. Die sehenswerte Sammlung russischer Ikonen des 16.–18. Jhs. ist in Italien einzigartig (www.polomuseale.firenze.it, Di–So 8.15–18.50 Uhr, Eintritt 6,50 €, Reservierung › **S. 138**).

**Opificio delle Pietre Dure 9

Gleich in der Nähe schimmern Steine und nochmals Steine. Das Opificio delle Pietre Dure (Restauratorenwerkstatt) wurde eigens von Großherzog Ferdinando I. 1588 gegründet, um die Halbedelsteine für die Fürstenkapelle in den Cappelle Medicee › **S. 85** zu bearbeiten. Die Kunst, aus harten Steinen *(pietre dure)* erlesen schöne Intarsien zu kreieren, zählt bis heute zu den handwerklichen Spezialitäten der Stadt. Ein kleines angeschlossenes Museum zeigt Meisterstücke von atemberaubender Schönheit. Im Opificio sind heute noch die weltweit besten Restauratoren am Werk; alte Stein- und Goldschmiedearbeiten, Skulpturen und Terrakotten werden hier sachkundig restauriert (www.opificiodellepietredure.it, Mo bis Sa 8.15–14, Eintritt 4 €, 18–25 Jahre 2 €, unter 18 und über 65 Jahre gratis, Reservierung › **S. 138**).

Im **Museo Leonardo da Vinci** können Besucher 40 Maschinen Leonardo da Vincis in Originalgröße ausprobieren – ganz besonders für Technikbegeisterte und Kinder interessant (Via de' Servi 66r, www.mostredileonardo.com, tgl. 10–19, Nov.–März 10–18 Uhr, Eintritt 7 €, 6–18 und über 65 Jahre 5 €). **Erst-! klassig**

*Rotunde Santa Maria degli Angeli 10

Nur ein paar Schritte weiter haben die Schüler des Centro linguistico di Ateneo im schönsten Renaissanceambiente Unterricht: Brunelleschi begann im Jahr 1433 den ersten frei stehenden Zentralbau der Renaissance, den innen oktogonal konstruierten Rundbau Santa Maria degli Angeli.

Zwischenstopp: **Restaurant**

In der **Osteria dell'Ortolano** (●, Via degli Alfani Nr. 91r) lebt die Tradition der Pizzicheria fort: Es werden Salami, Käse und warme Speisen aufgetischt. Auch Speisen zum Mitnehmen. **Erst-! klassig**

Biblioteca delle Oblate 11

Bei dem schön restaurierten Gebäude handelt es sich um das einstige Kloster der Krankenschwestern des Oblatinnenordens von Santa Maria

Nuova. Seit hier das Kultur-, Buch- und Multimediazentrum Biblioteca delle Oblate eröffnete, nutzen Studenten, Sprachschüler und Interessierte jeden Alters das breitgefächerte Angebot. Sehr stimmungsvoll ist der dreistöckige Kreuzgang. Erstklassig! Atemberaubende Ausblicke auf den Dom und die Stadt genießt man in der lichten **Caffeteria delle Oblate** mit schöner Loggia-Terrasse bei mäßigen Preisen. (Via dell'Oriuolo 26, Mo 14–19, Di–Sa 9–24 Uhr). Nicht mehr öffentlich zugänglich sind die Exponate des bisherigen Museo Firenze com'era, das unter neuem Namen im Palazzo Vecchio eröffnen wird.

Tour 7 Renaissancekunst, Mammuts und Antike

Tour-Übersicht:

Verlauf: **Piazza San Marco › **Museo di San Marco › *Chiostro dello Scalzo › Giardino dei Semplici › Museum für Geologie und Paläontologie › Museum für Mineralogie und Gesteinskunde › *Piazza Santissima Annunziata › Santissima Annunziata › *Ospedale degli Innocenti › **Museo Archeologico**

Dauer: 4–5 Stunden

Praktische Hinweise:

- Der Chiostro dello Scalzo ist nur Mo, Do, am 1., 3. und 5. Sa sowie am 2. und 4. So im Monat vormittags geöffnet.
- Für den Botanischen Garten, die Museen für Geologie und Paläontologie, Mineralogie und Anthropologie gibt es ein Sammelticket.
- Die Kirche Santissima Annunziata ist für Touristen zwischen 16 und 17.15 Uhr geöffnet.

Tour-Start: Kloster und Kirche San Marco 12

Der eindrucksvolle Klosterkomplex um die **Kirche San Marco** im Norden beherrscht die Piazza San Marco. Offensichtlich nahmen es die Silvestriner, die hier im 13. Jh. im Rahmen der großen Ordensbauten ihr Kloster errichteten, mit der Armutsregel nicht so genau, denn 1418 mussten sie die Anlage aufgeben; 1435 zogen reformierte Dominikaner ein. Generalvikar Antonino Perozzi, der 1446 als Bischof von Florenz und später als hl. Antoninus Karriere machte, war mit den richtigen Leuten befreundet: Cosimo de' Medici bezahlte einen Neubau. Der Lieblingsarchitekt des Medici, Michelozzo, begann 1437 mit den Arbeiten; in der Kirche blieb außer der Sakristei und der Apsis nicht viel Ursprüngliches erhalten; im Innenraum dominiert der barocke Prunk der Umbauten vom späten 16. bis zum 18. Jh.

**Museo di San Marco

Den künstlerischen Ausdruck tiefster Religiosität erfahren Besucher im Museo di San Marco. Michelozzos Architektur bildet den stim-

› Karte
S. 83

Kreuzgang des Museo di San Marco

mungsvollen Rahmen für die unvergleichlich zarten Fresken des engelsgleichen Seligen – **Beato Angelico** – wie der Beiname des Mönchs Fra Giovanni da Fiesole (um 1400–1455) lautete. Ihn beflügelte seine Spiritualität zu Schöpfungen, die sich durch eine genaue Anwendung der Perspektive, die gekonnte Raumaufteilung und heitere Landschafts- und Architekturschilderungen auszeichnen. Erstklassig Man gerät vor den Bildern fast selbst in Verzückung – das wollte Fra Angelico auch erreichen: Jedem Mitbruder malte er zur Meditation eine Szene aus dem Leben Christi in die Zelle – einzigartig, da in Klöstern sonst nur Refektorium, Kapitelsaal und Kreuzgänge ausgemalt wurden (Zugang rechts neben der Kirche; Mo bis Fr 8.15–13.50, Sa, So, Fei bis 16.50 Uhr, 1., 3. und 5. So sowie 2. und 4. Mo im Monat geschl., Eintritt 4 €; bei Ausstellungen erweiterte Öffnungszeiten, Eintritt 7 €).

Bilder in Kreuzgang und Kapitelsaal

Eine uralte Zeder dient als Blickfang im anmutigen Kreuzgang Sant'Antonino, dessen Lebensgeschichte die Lünetten des Säulenumgangs ziert. Rechts vom Eingang betritt man die **Sala dell' Ospizio,** wo arme Pilger übernachteten – vornehmere Gäste logierten in der Foresteria (Gästehaus). Man sieht einige der schönsten Arbeiten Fra Angelicos, so das erste bekannte Altarbild der Renaissance, die ***Pala di San Marco** mit der Madonna, dem Kind und Heiligen im Gespräch. Im gegenüberliegenden Kapitelsaal wollte Fra Angelico auf ungewöhnliche Weise den Betrachter zum Nachdenken anregen: Er bereicherte das ***Kreuzigungsfresko** um viele Heilige und Ordensgründer, damit die Mönche, die hier wichtige Entscheidungen zu treffen hatten, ihre Rolle in der Heilsgeschichte reflektierten. Die gesamte Frontwand des riesigen Re-

Verkündigungsfresko von Fra Angelico im Kloster San Marco

fektoriums nimmt das Fresko **Kreuzigung und Göttliche Vorsehung** von Giovanni Antonio Sogliani ein: Als dem hl. Dominikus Brot und Wasser fehlten, versorgten Engel die Dominikaner – passend für einen Speisesaal. Ein ***Abendmahlsfresko** von Domenico Ghirlandaio bewundert man im kleinen Refektorium, das hochstehenden Laien als Speiseraum diente. Wollen Sie den Architekten der Klosteranlage kennenlernen? Michelozzo ist der Mann mit dem dunklen Hut in der Mitte der ***Kreuzabnahme.**

Weitere Werke von Fra Angelico

Ein Kleinod wartet an der Treppe beim Aufgang zu den Zellen. Vielleicht ist dieses Fresko die zarteste ****Verkündigung,** die in der Renaissance überhaupt gemalt wurde. Die **Szenen aus dem Leben Christi** in den Zellen sind begnadete Schöpfungen Fra Angelicos; man besichtigt am besten zuerst die linken Zellen des linken Korridors und gelangt dann (am Ende des zweiten Ganges) zu den Priorszellen. Die Doppelzelle im rechten Korridor (rechts) war einem hohen Gast vorbehalten: Cosimo de' Medici begab sich in der Karwoche zu geistigen Exerzitien ins Kloster. Hier sieht man ein Fresko der Heiligen Drei Könige, das vermutlich von Benozzo Gozzoli stammt.

*Bibliothek

Zuletzt wirft man einen Blick in die Bibliothek, ein Meisterwerk Michelozzos. Wenn die Mönche aus ihren Zellen in diesen lichtdurchfluteten Lesesaal traten, musste sie einfach die Lust zum Studieren packen!

An der Via Camillo Cavour

Wer diese Straße entlangspaziert, trifft auf das großartige **Casino Mediceo** (Nr. 57), das Bernardo Buontalenti für Francesco I. errichtete. Die knienden Fenster zählen zu den schönsten in Florenz! Etwas weiter überraschen im ***Chiostro dello Scalzo** 13 außergewöhnliche Fresken – nicht farbig wie sonst, sondern reliefartig monochrom. Andrea del Sarto ließ sich für seine Arbeiten von gezeichneten Skulpturen sowie von den Fresken Michelangelos in der Sixtinischen Kapelle in Rom inspirieren (Mo, Do, 1., 3. und 5. Sa sowie 2. und 4. So im Monat 8.15–13.50 Uhr, gratis).

Erst-! klassig

Nachgebaute Erfindungen Leonardo da Vincis zeigt die **Galleria Michelangiolo** und informiert über sein Leben und Werk (Via Cavour 21, www.macchinedileonardo.com, tgl. 9.30–19.30 Uhr, Eintritt 7 €, 6–18 sowie über 65 Jahre 5 €).

Giardino dei Semplici 14 und Museen

Mitten in Florenz entspannen kann man im 2 ha großen Park, den Cosimo I. 1550 als einen der ersten Botanischen Gärten der Welt anlegen ließ. Beeindruckend sind die große Sammlung von Farnen, Palmen und Azaleen sowie die bis ins 18. Jh. zurückgehenden Eichen, Eiben und Ulmen (Eingang Via Micheli 3, So–Di, Do–Sa 10–19, 15. Okt.–März Sa, So, Mo 10–17 Uhr, zzt. geschl.).

Mehrere didaktisch gut aufgebaute naturwissenschaftliche Museen liegen am Südrand des Giardino. Die Florentiner Großherzöge waren wissenschaftlich interessiert und schützten auch Galileo Galilei vor der katholischen Kirche. Jene Wissenschaftstradition bescherte Florenz neben den Kunstmuseen auch naturkundliche Sammlungen ersten Ranges. Im **Museum für Geologie und Paläontologie** 15 ziehen ein Mammutskelett und weitere Skelette ausgestorbener Großsäuger die Aufmerksamkeit an. Anschaulich ist die Entwicklung des Pferdes dokumentiert (Juni–Sept. Mo, Di, Do, Fr 10–13, Sa, So 10–18 Uhr, Okt. bis Mai Mo, Di, Do, Fr 9–13, Sa, So 10–17 Uhr, Eintritt s.u.).

Der mit 151 kg zweitgrößte Topas der Welt und ein Aquamarin von 98 kg liegen neben vielen wunderschönen Exemplaren im **Museum für Mineralogie und Gesteinskunde** 16, dessen von den Medici begonnene Sammlung rund 50 000 Stücke besitzt (geöffnet wie Museum für Geologie). Eintritt Botanischer Garten, Museum für Geologie und Museum für Mineralogie jeweils 6 €, 6–14 Jahre 3 €, bis 5 und über 65 Jahre gratis, Sammelticket (inkl. Museum für Anthropologie, › S. 98): 10 €, 6–14 Jahre 5 €, 3 Monate gültig, auch Familientickets, www.msn.unifi.it.

*Piazza Santissima Annunziata 17

Fast scheinen die beidseitigen Säulengänge mit der Kirche eine Kulisse für den Skulpturenschmuck der symmetrisch angelegten Piazza Santissima Annunziata zu bilden; die Großherzöge nutzten den Platz in diesem Sinne. Stolz reitet Ferdinand I., ein Standbild Giambolognas, dahin. Die grotesken Meeresungeheuer an den beiden Brunnen seines Schülers Pietro Tacca wirken eher verspielt.

An einem Wochenende Anfang September findet auf der Piazza SS. Annunziata ein Markt mit ökologischen Produkten statt, bei dem die Herstellung traditioneller Produkte gezeigt wird. Erst-! klassig

Basilika Santissima Annunziata 18

Die Serviten errichteten um 1250 die Basilika Santissima Annunziata. Die Baumeister Michelozzo und nach ihm Leon Battista Alberti gaben der Kirche erst 1444–1477 ihr heutiges Gesicht.

Ein kleines Museum der Malerei der ersten Hälfte des 16. Jhs. könnte nicht besser eingerichtet sein als der hübsche ***Kreuzgang** mit Glasdach von Michelozzo. Hier geht die Renaissance mit dem Klassizismus Erst-! klassig

Andrea del Sartos und Franciabigios zu Ende; hier nimmt der Manierismus, vertreten durch die ersten Werke ihrer Schüler Pontormo und Rosso Fiorentino, seinen Anfang. Rechts vom Eingang bewundert man die **Himmelfahrt Mariä** von Rosso Fiorentino, es folgen die **Heimsuchung** von Pontormo und die **Hochzeit Marias** von Franciabigio. Zu den schönsten Werken zählen die **Geburt Marias** und die **Ankunft der Heiligen Drei Könige** von Andrea del Sarto.

Links neben dem Kircheneingang lässt Alessio Baldovinetti die Geburt Christi in einer Arno-Landschaft stattfinden. Es folgen Szenen aus dem Leben des hl. Filippo Benizzi, eines im 17. Jh. kanonisierten Servitenmönchs, die bis auf das erste Bild alle von Andrea del Sarto erzählt werden.

Überaus prächtig öffnet sich das Kircheninnere im Glanz der barocken Umbauten des 17. und 18. Jhs. Fast die gesamte Ausschmückung des Gotteshauses wurde dabei erneuert, mit einem Prunk, den Florentiner Kirchen sonst eher selten bieten. Der imposante barocke Baldachin wirkt für das ***Renaissancetempelchen** Michelozzos fast zu pompös.

Hinter dem Silberaltar der Cappella dell'Annunziata verbirgt sich eine **Verkündigung** des 14. Jhs., die auf wunderbare Weise an der Wand erschien, als der Maler gerade schlief. Frisch Verheiratete sollten der Madonna ein paar Blumen bringen – für ein langes, glückliches Eheleben!

Beeindruckend ist die Holzskulptur des hl. Rochus von Veit Stoß (Anfang 16. Jh.). Man findet sie in der vierten Kapelle links des imposanten Presbyteriums (für Touristen tgl. 16–17.15 Uhr, gratis).

*Ospedale degli Innocenti 19

Ein Heim für Findelkinder im Renaissance-Prachtbau: Bis zum Jahr 1875 konnten arme Mütter ihre Kinder in der linken Ecke unerkannt in den drehbaren Zylinder legen. Hier wurde ihnen, finanziert durch die Seidenzunft, eine angemessene Erziehung zuteil. In von schweren Hungersnöten und Seuchen geprägten Jahren wählten bis zu 900 Frauen diesen Ausweg.

Brunelleschi schuf ab 1419 das neuartige, mathematisch berechnete und durch einfache Formen überzeugende Gebäude. Erstmals dehnt sich ein Portikus über eine ganze Längsfassade aus. Perfekte Proportionen tragen zur großartigen Wirkung des Baus bei: Der Zwischenraum der Säulen entspricht ihrer Höhe und dem Abstand zur rückwärtigen Wand – ein Würfel entsteht, der seit der Antike als ideales Grundelement für harmonische Bauten angesehen wurde; unzählige Architekten nach Brunelleschi übernahmen das Prinzip. Die Wickelkinder in den ***Tondi** schuf Andrea della Robbia (1487).

In den Schlaf- und Aufenthaltsräumen der Kinder befindet sich heute eine ***Pinakothek**. Zu ihren Glanzstücken zählen die **Madonna mit Kind** von Botticelli, eine Terrakotta Luca della Robbias gleichen Themas und eine ***Anbetung der Heiligen Drei Könige*** von Domenico Ghirlandaio (bis 2015 wegen Restaurierung geschl.).

**Museo Archeologico 20

Gleich links vom Ospedale degli Innocenti liegt direkt an der Piazza Santissima Annunziata der neue Eingang zu dem bedeutenden Archäologischen Museum. Die wichtigsten Funde der etruskischen Kunst aus der Toskana wurden hier zusammengetragen; die ägyptische Sammlung ist die zweitgrößte Italiens, und die römischen Kameen der Medici sind von erlesener Schönheit. Die deutschen Begleittexte zu den einzelnen Exponaten helfen (Di bis Fr 8.30–19, Sa, So, Mo 8.30 bis 14 Uhr, Kasse schließt 45 Min. eher, Eintritt 4 €, Ermäßigungen › **S. 138**).

Vom neuen Eingang gelangt man in das Erdgeschoss, das für Ausstellungen genutzt wird. In der etruskischen Abteilung, die allmählich einer Neuordnung unterzogen wird, gleicht die bronzene ****Chimäre von Arezzo,*** ein überragendes Kunstwerk der ersten Hälfte des 4. Jhs. v. Chr., einem Paukenschlag. Verführerisch glänzen auch die etruskischen und römischen Schmuckstücke der Medici-Sammlungen. Besonders die Ohrringe bestehen auch heute noch spielend neben zeitgenössischen Kreationen.

*Ägyptische Abteilung

Im Obergeschoss taucht man in die chronologisch hervorragend angeordneten Säle der Ägyptischen Abteilung ein. Die Bier brauende Dienerin (Saal I) oder der in der Welt einzigartige ****Kampfwagen*** (Saal III) lassen den Besucher staunen. Zu den prächtigsten Exponaten zählen das überlebensgroße farbige ***Reliefbild*** (Saal V), die wundervol-

Die etruskische Chimäre von Arezzo

len blauen ***Vasen** und die ***Hieroglyphen-Rollen** in Saal VI sowie das bunte ***Wandfragment** in Saal VII. Nicht nur für Kinder mögen die großen Sarkophage mit den Mumien besonders interessant sein, aber auch die Vitrinen mit Hausrat aus Binsen und Palmblättern sind faszinierend.

Etruskische Abteilung

Ebenfalls im Obergeschoss angesiedelt ist die spektakuläre Etruskische Abteilung. Zu den schönsten Grabskulpturen zählen der mit Kampfszenen bemalte ***Amazonensarkophag** (350–325 v. Chr.) in Saal IX und der ***Sarcofago dell'Obeso** in Saal X. Die naturalistische etruskische Kunst scheute sich nicht, den fettleibigen *(obeso)* Mann lebensnah statt schmeichelhaft zu porträtieren; die Architektur etruskischer Häuser kann man gut in der einzigartigen ***Hausurne** erkennen. Im langen Saal XIV mit ***Votivgaben aus Bronze** überraschen zwei Großskulpturen, die beeindruckende ***Minerva-Statue** und der ****Arringatore** (100–80 v. Chr.). Den aristokratischen Redner zeichnet erneut eine realistische Darstellung aus, die auch die kleinen Fältchen im Gesicht nicht verschweigt.

Erst-! klassig

Weitere Säle

Zu den außergewöhnlichen Objekten dieses reich bestückten Museums zählen auch die **Bronzewerke der römischen und griechischen Antike.** Zu bewundern sind hier ***Idolino,** ein prachtvoller junger Athlet, ein sehr beeindruckender männlicher ***Torso,** ein naturgetreu dargestellter ***Pferdekopf** sowie eines der ungewöhnlichsten Exponate des Museums, ein ***Eichenast,** aus dem sich eine Schlange windet. Neben großer Kunst besitzt die Sammlung auch etruskische Alltagsgegenstände – Waffen, chirurgische Instrumente und Haushaltsutensilien –, die einen Einblick ins Leben jener Zeit vermitteln. Eindrucksvolle Fundstücke stammen von der letzten Reise eines griechischen Kaufmanns des 7./6. Jhs. v. Chr. – poetisch wird sein Schiffbruch vor der Insel Giglio beschrieben.

Die kostbare ***Silberamphore** aus Antiochien (4. Jh. n. Chr.) mit herausgetriebenen Reliefovalen zählt schon zur Spätantike, und die ****Topografische Abteilung** präsentiert grandiose etruskische Hüttenurnen, Statuen, herrlichen Goldschmuck und die typischen Thronurnen aus Chiusi.

Meisterwerke der Griechen

Im zweiten Stock stehen in zehn Sälen ****Attische Vasen,** vom Anfang des 6. Jhs. bis zum Ende des 4. Jhs. chronologisch angeordnet. Im Korridor erhebt sich ein griechischer ****Kouros** (520 v. Chr.), dessen Körper selbst Michelangelo nicht besser hätte modellieren können. Versäumen Sie es aber nicht, sich zur Führung durch die schönste Abteilung des Museums anzumelden: die kostbare ****Kameensammlung** der Medici.

Erst-! klassig

Die neugotische Fassade der Kirche Santa Croce im gleichnamigen Viertel

Viertel Santa Croce

Das Beste!

- Im Teatro del Sale ein Buffet genießen, zum Frühstück, mittags oder abends › S. 105
- Den »David« von Donatello im Bargello bestaunen › S. 100
- Bei Vivoli das beste Eis von Florenz essen › S. 102
- Auf dem Flohmarkt auf der Piazza de' Ciompi stöbern › S. 105
- Abends die lebhafte Atmosphäre auf den Plätzen des Viertels spüren › S. 101, 103

› Karte S. 99

Im Schatten des Bargello, des schönsten Skulpturenmuseums der Stadt, und der Kirche Santa Croce mit herrlichen Giotto-Fresken stehen weitere interessante und aufschlussreiche Sammlungen.

Das Viertel Santa Croce westlich des historischen Kerns entwickelte sich in den letzten Jahren, vor allem zwischen Palazzo Vecchio und Piazza Santa Croce, zu einem Hauptanziehungspunkt für Touristen. Entlang des Borgo dei Greci spazieren Tausende von Menschen täglich an den Souvenirläden vorbei.

Die Meisterwerke im schönsten Skulpturenmuseum der Stadt, dem Bargello, oder die einzigartigen Fresken Giottos in der gotischen Kirche Santa Croce wird man wohl nie alleine besichtigen können. In die Badia-Kirche, das Museo Galileo, die Casa Buonarroti und die Synagoge verirren sich hingegen nur wenige Besucher und in das nicht nur für Kinder hochinteressante Museo Antropologico höchstens Schulklassen.

Abseits der gängigen Hauptrouten bewahrt der Stadtteil seinen Charme als Kleine-Leute-Viertel, hier arbeiten noch Handwerker in winzigen *Botteghe*, existieren noch einfache Nachbarschaftstrattorien. Rund um den Markt von Sant'Ambrogio ist das ursprüngliche Florentiner Alltagsleben zu spüren. Dort trifft sich abends die Florentiner Szene, auch zum besonderen Event im wunderschönen Teatro del Sale.

Erst-klassi

Tour im Viertel Santa Croce

Tour 8 Im Viertel Santa Croce

Tour-Übersicht:

Verlauf: Palazzo Nonfinito › Palazzo Pazzi-Quaratesi › *Badia Fiorentina › **Bargello › Piazza San Firenze › *Museo Galileo › Museo della Fondazione Horne › Piazza Santa Croce › ***Santa Croce › Casa Buonarroti › Loggia del Pesce › Mercato di Sant' Ambrogio › Synagoge

Dauer: 5 Stunden

Praktische Hinweise:

- Diese Tour beginnt in der Via del Proconsolo hinter dem Dom.
- Die Badia Fiorentina ist Montag nachmittags für Touristen geöffnet.

Tour-Start:
Palazzo Nonfinito 1

Wenige Schritte südlich des Doms › S. 62 zeigt das **Museo Nazionale di Antropologia ed Etnologia** im »unvollendeten Palazzo« eine reiche

Kollektion. Von Kapitän Cook auf seiner dritten Reise gesammelte Objekte gehören ebenso dazu wie Utensilien malaiischer Kopfjäger oder die Tracht eines Priesters aus Tahiti. Viele Kunst- und Alltagsgegenstände Afrikas und Asiens sind zu sehen (www.msn.unifi.it, Juni bis Sept. Mo, Di, Do, Fr 10–13, Sa, So 10–18 Uhr, Mai–Okt. Mo, Di, Do, Fr 9–13, Sa, So 10–17 Uhr Eintritt 6 €, Sammelticket › **S. 93**).

Palazzo Pazzi-Quaratesi 2

Die Renaissancefassade des Palazzo Pazzi-Quaratesi nebenan (Via del Proconsolo 10) verkleidete Giuliano da Maiano unten mit rustikalen Quadersteinen, oben setzen reich verzierte Biforien in der Wand Akzente. Das Motiv der Delfine an der Ecke, Wappentiere der Pazzi-Familie, nahm Giuliano im Innenhof, an den Kapitellen des Säulenumgangs, wieder auf.

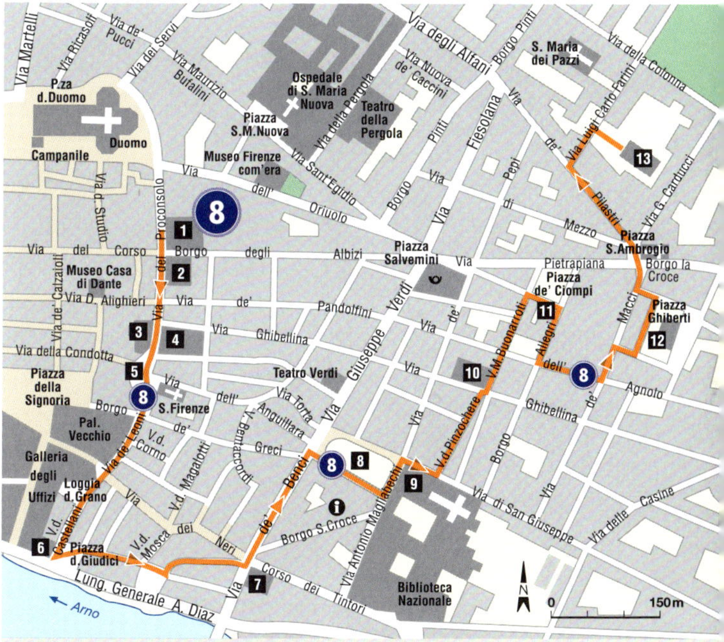

Tour im Viertel Santa Croce

Tour 8
Im Viertel Santa Croce

1 Palazzo Nonfinito
2 Palazzo Pazzi-Quaratesi
3 Badia Fiorentina
4 Bargello
5 Piazza San Firenze
6 Museo Galileo
7 Museo della Fondazione Horne
8 Piazza Santa Croce
9 Santa Croce
10 Casa Buonarroti
11 Loggia del Pesce
12 Mercato di Sant'Ambrogio
13 Synagoge

*Badia Fiorentina 3

Erst-! klassig

Ein Kleinod im hektischen Florenz: Schon der romantische Kreuzgang lohnt den Besuch. Die 978 gegründete und mehrmals umgebaute Badia (Abtei) erhielt 1627 ihr festliches Aussehen. Mino da Fiesole gestaltete zwei elegante Renaissance-Grabmäler: Über dem ***Grabmonument von Bernardo Giugni** (einem Richter) erhebt sich die Justiz; Diagonallinien gliedern das ***Grabmal des Markgrafen Hugo** unter der Sängerkanzel. Noch im herrlichen Originalrahmen: **Maria erscheint dem hl. Bernhard** von Filippino Lippi; mit fotografischer Genauigkeit porträtierte der Meister rechts unten den Auftraggeber Piero del Pugliese. Der ***Kreuzgang der Orangen** ist sehenswert – auch ohne Orangenbäumchen: Bernardo Rossellino schuf 1432–1438 einen der ersten Renaissance-Kreuzgänge mit zweigeschossiger Loggia aus ionischen Säulen (Mo 15–18 Uhr, gratis).

Shopping

Trappistenbier, Seifen, Marmeladen: eine breite Palette an Klosterprodukten bietet **Monastica** im Innenhof der Badia.
▮ Via Ghibellina 127r

Feinstes Florentiner handgeschöpftes Papier und ledergebundene Alben finden Sie bei **Lilium,** Via del Proconsolo 77r, und **Johnsons & Relatives,** Nr. 26r.

8

**Bargello 4

Wenn es ein Museum gibt, das man in Florenz in jedem Fall besuchen sollte, dann ist dies der Bargello. Der festungsartige Stadtpalast ist ein würdiger Rahmen für eine der bedeutendsten Renaissanceskulpturensammlungen der Welt (tgl. 8.15 bis 13.50 Uhr, 2., 4. Mo und 1., 3., 5. So im Monat geschl., Eintritt 4 €, Ermäßigungen, Tickets › **S. 138**).

Als 1250 die Kaufleute an die Macht kamen, gaben sie diesen ersten kommunalen Amtssitz in Auftrag. Der ***Innenhof** mit den Wappen der Podestà und die reich dekorierten Prunksäle wie der ***Salone del Consiglio Generale** sind ein Blickfang. 1574 wurde der Palazzo Amtssitz des *Bargello,* des Polizeichefs, und ein düsteres Gefängnis.

Erdgeschoss

Hier wartet gleich ein frühes Werk Michelangelos: der leicht schwankende ***Bacchus.** Weitere Michelangelo-Skulpturen: der ***Tondo Pitti,** der ***David-Apollo** und die einzige Büste, die Michelangelo je schuf: ***Brutus,** von einem Medici-Gegner nach der Ermordung Herzog Alessandros in Auftrag gegeben. Michelangelos Nachfolge traten Benvenuto Cellini, der hier u.a. mit der eindrucksvollen ***Büste Cosimos I.** vertreten ist, und Giambologna an. Sein berühmter eleganter ***Fliegender Merkur** kann und sollte von allen Seiten betrachtet werden.

Hoher Ratssaal

Erst-! klassig

Im hohen Ratssaal (1. Stock) bewundert man den ersten Akt des Abendlandes seit der Antike: Bei Donatellos fast schon erotischem ***Bronze-David** tritt das neue Körperbewusstsein des Humanismus spektakulär zu Tage. Die Entwicklung des Künstlers zeigt ein Vergleich mit seinem eher statischen Marmor-David. Das Porträt des Söldnerführers Niccolò da Uzzano von Donatello und die Werke seines Schülers Desiderio da Settignano, **Der Junge** und die **Adelige Dame,** zählen zu den schönsten Renaissancebüsten. Stets ein dekorativer Blickfang: die emaillierten Terrakotten von Luca della Robbia.

Erst-! klassig

Weitere Säle

In folgenden Sälen lässt sich schwelgen: Islamische Kunst, Elfenbeinarbeiten des 5.–17. Jhs. oder Glaskunst bis hin zu den wunderschönen Porzellanexponaten der Sala delle Maioliche. Einen völlig anderen Bronze-David als Donatello schuf Andrea del Verrocchio, der Hauptvertreter der Bildhauerei in der zweiten Hälfte des 15. Jhs. Die fein modellierten Hände und das weich fallende Gewand sichern seinem Werk ***Dame mit Blumenstrauß** einen Platz unter den meisterhaften Porträtbüsten. Zu diesen zählt auch ***Pietro Mellini** – die Falten in seinem Gesicht und am Hals zeigen den Mut und die Geschicklichkeit von Benedetto da Maiano. Nicht zuletzt lohnt ein Blick auf die große Medaillensammlung.

Sala dei Bronzetti

Dieser Saal belegt den erlesenen Geschmack der Florentiner. Zu den schönsten Bronzefigürchen zählen ***Herkules und Antaeus** von Antonio del Pollaiolo, eine fast schon expressionistische Skulptur, und **Ganimed** von Benvenuto Cellini.

»Büste eines Jungen«, Terrakottakunst von Luca della Robbia

Restaurant

Vom Frühstück über den Light Lunch zum Aperitif und bis spät nachts: Im **Moyo** (Via de' Benci 23r, www.moyo.it) oder im **Oibò** (Borgo dei Greci 1/1a, www.oibo.net) trifft man sich, zu den Lokalen der Movida zählt auch die **Miró lounge bar** (Via de' Benci 10r), Aperitif tgl. 19–22 Uhr, mit Musik.

Piazza San Firenze 5

Vorbei an kleinen Bars spaziert man vom Bargello weiter, bis sich mit der Piazza San Firenze ein eigentümlicher, doch harmonischer Platz öffnet. In Florenz passen eben selbst eine sehr bewegte Fassade wie die der ehemaligen Kirche San Firenze (heute Gerichtsgebäude) und die aristokratisch ruhende Frontseite des Palazzo Gondi zusammen.

*Museo Galileo 6

Am mächtigen Palazzo Vecchio entlang erreicht man das Arnoufer und das Museo Galileo. Die Linse, mit der Galileo Galilei (1564–1642) die Jupitermonde entdeckte, ist nur eines der Originalinstrumente des großen Wissenschaftlers, die hier gezeigt werden: Auch Astrolabien, Sonnenuhren, Kompasse und ein blauer arabischer Globus warten auf die Besucher. Florenz war und ist nicht nur eine Stadt der Kunst; die Wissenschaftstradition reicht zurück bis 1657, als Großherzog Ferdinando II. mit der Accademia del Cimento die erste Akademie der Wissenschaften der Welt gründete. Das Museumskonzept, das didaktisch optimal verwirklicht wurde, zeigt die wissenschaftlichen Errungenschaften im Umfeld ihrer Förderer, der Medici-Großherzöge (Piazza dei Giudici 1, www.museogalileo.it, Mi–Mo 9.30–18, Di 9.30–13 Uhr, Eintritt 9 €, ermäßigt 5,50 €).

Museo della Fondazione Horne 7

Der Engländer Herbert Percy Horne kaufte den Renaissance-Palazzo der Familie Corsi zu Beginn des 20. Jhs. und richtete sich hier mit seiner Kunstsammlung häuslich ein › S. 87. Der ***Hl. Stefan** von Giotto ist ein Glanzstück des reich bestückten Museums im Palazzo, ebenso wie die Gemälde von Bernardo Daddi, Masaccio, Benozzo Gozzoli und Luca Signorelli (Via de' Benci 6, www.museohorne.it, Mo–Sa 9 bis 13 Uhr, Eintritt 6 €, ermäßigt 4 €).

Zwischenstopp: **Restaurants**

Francesco Vini ●–●●

Toskanische Küche, Pizza aus dem Holzkohleofen und eine exzellente Weinauswahl genießt man auch draußen.

- Borgo de' Greci 7r | Tel. 0 55 21 87 37
- www.francescovini.com
- Tgl. mittags u. abends, im Winter Mo geschl.

Vivoli

Die beste Eisdiele der Stadt.

- Via dell'Isola delle Stinche 7
- www.vivoli.it
- Di–So 7–20 Uhr, Mo geschl.

SEITENBLICK

Vasco Pratolini (1913–1991)

Erst-! klassig

Keiner beschrieb das Leben der einfachen Leute in Florenz mit so viel Einfühlungsvermögen wie der selbst aus einfachen Verhältnissen stammende Schriftsteller – ein Autodidakt, der sein Wissen von Dante und Jack London bezog und sich mit den verschiedensten Tätigkeiten durchs Leben schlug, bis er seiner wahren Berufung als Schriftsteller folgte. Beeinflusst von Elio Vittorini, Mitbegründer des neorealistischen Erzählstils in Italien, übt Pratolini in seinen Romanen Kritik an den sozialen Verhältnissen und dem Faschismus – als überzeugter Kommunist schloss er sich 1943 der Resistenza an. Sein erster großer Romanerfolg, »Chronik armer Liebesleute«, spielt in der Via del Corno hinter dem Palazzo Vecchio, in der Pratolini seit dem zwölften Lebensjahr aufwuchs. Mit seiner Schilderung des Alltagslebens der Bewohner um 1925 im faschistischen Florenz zeigt er eine Stadt, wie man sie heute vielleicht nur noch in San Frediano entdecken kann. In »Das Quartier« vermittelt er ein eindrucksvolles Bild vom Leben im Viertel Santa Croce.

Piazza Santa Croce 8

Einer der schönsten und beliebtesten Plätze der Stadt ist die Piazza Santa Croce: Grandiose Paläste, deren Obergeschosse z.T. noch auf mittelalterlichen Konsolen ruhen, umgeben den Platz, der im Mittelalter den Franziskanern für ihre Predigten diente und heute u.a. den Spielern beim traditionellen *Calcio Storico* › **S. 54**.

Zwischenstopp: **Restaurant**

Baldovino ●–●●
Typische Trattoria mit mediterraner Küche, aber auch klassisch Florentinisches und Pizza. Gleich nebenan lädt das **Café Baldobar** zum Frühstücken ein.

- Via San Giuseppe 22r
- Tel. 0 55 24 17 73
- www.baldovino.com

Shopping

Viele Läden an der Piazza führen Florentiner Lederwaren. Zu den größten heimischen Produzenten zählt **Peruzzi** (Borgo Santa Croce 27r–32r, im Sommer zusätzl. Borgo de' Greci 8r–14r). Schöne Taschen gibt's in der **Scuola del Cuoio** (Via San Giuseppe 5r, Zugang auch über Santa Croce, www.scuoladelcuoio.com).

9

***Santa Croce 9

Dante wacht vor der neugotischen Fassade der Kirche, die Arnolfo di Cambio als dreischiffige Bettelordenskirche plante. Für die Kreuzgänge mit dem Museo dell'Opera, der Cappella Pazzi und der Kirche gibt es ein Ticket (Mo–Sa 9.30–17, So 14–17 Uhr, Eintritt 6 €, 11–17 Jahre 4 €, Sammelticket mit Casa Buonarroti 8,50 €, › **S. 104**).

Grabmal des Galileo Galilei in der Basilika Santa Croce

Grabmäler und -platten

Weit öffnet sich der beeindruckende Innenraum mit den Originalfenstern aus dem 14. und 15. Jh. Man steht hier im Mausoleum Italiens: Über 270 Grabplatten bedecken den Boden, Gedenktafeln italienischer Größen schmücken die Wände.

Im rechten Kirchenschiff ruht Michelangelo, es folgen Denkmäler für Dante und Niccolò Machiavelli. Hinter dem ***Verkündigungsrelief** von Donatello steht der *Prototyp der Renaissance-Grabmäler: Bernardo Rossellino schuf ihn für den Kanzler Leonardo Bruni; im linken Schiff befinden sich das *Renaissance-Grabmal des Humanisten Carlo Marsuppini von Desiderio da Settignano und die Begräbnisstätte Galileo Galileis.

Kapellen

Die großen Familien des 14. Jhs. gaben die Fresken der Kapellen in Auftrag – gotische Malerei auf ihrem Höhepunkt erstrahlt in Santa Croce! Zu den herausragenden Arbeiten Giottos zählen die ****Cappella Bardi** und auch die ****Cappella Peruzzi** (erste und zweite rechts vom Hauptaltar). Die beiden Zyklen aus dem Leben des Franz von Assisi sowie Johannes des Täufers und des Evangelisten Johannes markieren den Zenit der Schaffenszeit Giottos um 1330. Detailliert und farbenfroh erzählt er die Geschichten, stellt plastische Gestalten in eine realitätsnahe Architektur.

Erst-! klassig

Die Fresken der ***Hauptchorkapelle** mit der Legende des wahren Kreuzes und der ***Cappella Castellani** (rechtes Querschiff, rechte Seite) stammen von Agnolo Gaddi, der erstmals Alltagsszenen in die Bilder einfließen ließ. Sein Vater Taddeo malte mit dem Engel, der dem Hirten erscheint, in der ***Cappella Baroncelli** (Stirnseite, rechtes Querschiff) die erste Nachtszene in einem Fresko. Giottos bedeutendster Nachfolger, Maso di Banco, schuf in der ***Cappella Bardi di Vernio** (letzte Querhauskapelle links) Szenen aus dem Leben des hl. Silvester. Das Holzkreuz des jungen Donatello (Stirnkapelle des linken Querschiffs) kritisierte Brunelleschi als »Bauer am Kreuz« und schuf den ersten Christus ohne Lendentuch (zu sehen in Santa Maria Novella › S. 114). Über die Sakristei, wo sich in der ***Cappella Rinuccini** der farbenprächtigste gotische Maler, Giovanni da Milano, verewigte, gelangt man in die Scuola del Cuoio › S. 103.

In der Cappella Pazzi

*Museo dell'Opera di Santa Croce

Das ***Kreuz** von Cimabue im Museum in den Klosterhöfen wurde bei der Überschwemmung 1966 schwer beschädigt. Die Kreuzgänge laden zum Verweilen ein; lassen Sie sich von den Werken in der **Pinacoteca** und einem der harmonischsten Renaissanceräume, der ****Cappella Pazzi**, verzaubern. In Konkurrenz zu den Medici gab Andrea de' Pazzi Brunelleschi den Auftrag. Die ***Terrakotten** stammen auch hier von Luca della Robbia.

Erst-! klassig

Casa Buonarroti 10

Im Gässchengewirr des Viertels Santa Croce steht das Haus, das Michelangelo 1516–1525 bewohnte, die Casa Buonarroti. Das Museum besitzt zwei Marmorreliefs des Meisters, ***Madonna della Scala** und ***Schlacht der Centauren** (Via Ghibellina 70, www.casabuonarroti.it, Mi–Mo 10–17 Uhr, Eintritt 6,50 €, ermäßigt 4,50 €, Sammelticket mit Santa Croce 8,50 €).

Loggia del Pesce 11

Weiter geht die Erkundung in die engen und belebten Altstadtgassen. Viele Häuser wurden hier 1936 von den Faschisten abgerissen oder erst nach dem Krieg z.T. saniert. Leer blieb etwa die Piazza de' Ciompi bei der Loggia del Pesce; die hübsche Loggia, die Vasari 1567 für den ehemaligen Markt an der heutigen Piazza della Repubblica errichtet hatte, wurde hier 1951 wiederaufgebaut.

Shopping

Auf dem täglichen Flohmarkt auf der Piazza de' Ciompi wühlt man sich durch Krimskrams und Secondhandmode. Am letzten Sonntag im Monat lohnt hier der noch größere Floh- und Antiquitätenmarkt den Besuch.

Erst-klassig

Mercato di Sant'Ambrogio 12

Man spürt den ursprünglichen, volkstümlichen Charakter des Viertels Santa Croce, je näher man dem wohl untouristischsten Markt in Florenz kommt, dem Mercato di Sant'Ambrogio (Mo–Sa 7–14 Uhr).

Zwischenstopp: Imbiss

An den Imbissständen des Mercato di Sant'Ambrogio und in den umliegenden Trattorien gibt es fernab vom Rummel günstige Florentiner Spezialitäten.

Synagoge 13

Einen Hauch von Orient verleiht dem Stadtteil die 1874–1882 errichtete Synagoge mit der reichen maurisch-byzantinischen Innenausstattung. Ihre grüne Kuppel ist weithin sichtbar und zählt zu den Wahrzeichen der Stadt. Das **Museo Ebraico** zeigt sakrale Kunst ab dem 17. Jh. (Via Farini 4, Juni–Sept. So–Do 10–17.45, Fr bis 16.15 Uhr, Okt. bis Mai So–Do 10–16.45, Fr bis 14.15 Uhr, Eintritt 6,50 €, ermäßigt 5 €).

Ein schöner Spaziergang führt entlang der Via Pietrapiana und dem Borgo degli Albizzi zurück zum Palazzo Nonfinito. Die herrlichen Fassaden der Stadtpaläste aus dem 16. Jh. am Borgo degli Albizi locken ebenso wie die vielen interessanten Läden.

Restaurants

Teatro del Sale ●–●●

Ein Erlebnis: Buffet mit Theater oder Konzert in wunderschönen Räumen.

Erst-klassig

- Via de' Macci 118 | Tel. 05 52 00 14 92
- www.teatrodelsale.com
- So abends und Mo geschl.

Le Murate – Caffè Letterario ●

Im ehemaligen Gefängnis gibt es gutes Essen und viele Events.

- Piazza delle Murate (Zugang Via dell'Agnolo) | Tel. 05 52 34 68 72
- www.lemurate.it | tgl. 9–1 Uhr

Caffè Sant'Ambrogio ●

Mittags hervorragende Panini, abends Aperitif, nachts In-Treff und Weinbar.

- Piazza Sant'Ambrogio 7r
- Tel. 05 52 47 72 77 | tgl. 10–3 Uhr
- www.caffesantambrogio.it

SPECIAL

Stöbern und Staunen

Bei einem Streifzug durch die Viertel Santa Maria Novella, Santa Croce, Santo Spirito oder San Frediano offenbart sich das ursprüngliche Florenz der Handwerker, Kunsthandwerker, Krämer und Händler. Hier kauft man sein Schreibpapier noch im Papierwarenladen an der Ecke; Kurzwarenhändler *(mercerie)* und Eisenwarenhändler *(ferramenta)* wurden noch nicht von Kaufhäusern und Hobbymärkten verdrängt.

In den *botteghe artigianali* der Möbelrestauratoren, Polsterer und Kunstschnitzer leben alte Fertigungstechniken und Modelle fort. Viele hoch spezialisierte Handwerker passten sich den Erfordernissen des internationalen Marktes an. Im Folgenden seien einige bewährte Adressen genannt. Anregungen und weitere Adressen sind zusätzlich unter http://de.firenze-online.com/laden zu finden.

Keramik und Porzellan

Die Porzellan-Manufaktur **Richard-Ginori** (seit 1737) ist einen Besuch wert (Verkaufsräume Via Rondinelli 15r–17r). Im Firmenmuseum ist eine umfangreiche Porzellansammlung zu bewundern. Auf bemalte Terrakotta hat sich etwa **Sbigoli Terrecotte** (Via Sant' Egidio 4r, www.sbigoliterrecotte.it) spezialisiert.

Museo delle Porcellane di Doccia
Viale Pratese 31 | Sesto Fiorentino
Tel. 05 54 20 77 67
www.museodidoccia.it
Mi–Sa 10–13, 14–18 Uhr, Eintritt 6 €, 11–18, über 65 Jahre 4 €.

Holz und Bilderrahmen

Engelchen, handgeschnitzte Bilderrahmen, Ornamente etc. findet man bei **Castorina** (Via Santo Spirito 15r, www.castorina.net). **Cornici Campani** (Via dei Servi 22r) bietet handgefertigte Rahmen in vielen Größen, Farben und Formen.

 Bild oben: Holzbildhauer Mauro Pleroni bei der Arbeit

Handgewebte Stoffe

Bei **Antico Setificio Fiorentino** (Via Bartolini 4, San Frediano, Showroom zu besichtigen nach Voranmeldung, Tel. 0 55 21 38 61, www.anticosetificiofiorentino.com) werden wertvolle Stoffe nach alten Mustern aus den betriebseigenen Archiven hergestellt (seit 1796). Bei **TAF – Tovagliate artistici fiorentini** (Via Por Santa Maria 17r; Kinderbekleidung 22r) wird jedes einzelne Motiv von Hand auf die Bett- und Küchenwäsche gestickt. Von **Busatti** (Borgo San Jacopo 38r, www.busatti.com) stammen allerfeinste handgefertigte Stoffe aus reinen Naturfasern mit traditionellen Mustern, während **Le Telerie Toscane** (Sdrucciolo dei Pitti 15r, www.letelerietoscane.com) stilvolle Heimtextilien und herrliche Stoffe präsentiert.

Pietra dura und Scagliole (Alabasterglas)

Renzo Scarpelli gehört mit seinem Sohn Leonardo zu den führenden Intarsienmeistern (Via Ricasoli 59r, www.scarpellimosaici.it). Maßgefertigte Tischplatten mit Intarsien führt **Il Mosaico di Pitti** (Piazza de' Pitti 23r, www.pittimosaici.com). Die älteste noch tätige Florentiner *Pietre dure*-Manufaktur betreibt **G. Ugolini** (Lungarno Acciaioli 66–70r, www.ugolinimosaici.com). *Pietre dure* sind Intarsien aus edlen Steinen.

Papierwaren

Marmoriertes Papier und traditionelles Florentiner Briefpapier bekommt man bei **Giannini** (Piazza Pitti 37r, www.giuliogiannini.com), schönes, handgefertigtes Papier, auch gebunden, führt **Il Torchio** (Via de' Bardi 17). Bei **Alberto Cozzi** (Via del Parione 35r) findet man edelsten Schreibbedarf, der zum Gebrauch fast zu schade ist. 1774 eröffnete **Francesco Pineider** (Piazza de' Rucellai) seinen ersten Papierladen in Florenz, bis heute gibt es hier feinstes Papier und Schreibzubehör.

Marmor, Bronze, Metall

Antonio Frilli (Via de' Fossi 26r, www.frilligallery.com) handelt seit 1860 mit Artikeln aus Marmor und Bronze. **Romanelli** (Borgo San Frediano 70, www.raffaelloromanelli.com) gießt Bronzestatuen und fertigt Kopien alter Skulpturen an. Marmorskulpturen und bronzene Meisterwerke der Gießerei Martellini stehen dicht gedrängt in der **Art Gallery Bazzanti** (Lungarno Corsini 46r, www.galleriabazzanti.it).

Toskanisches Handwerk

In Santa Croce verkaufen toskanische Spitzenhandwerker gemeinsam ihre Meisterwerke aus Keramik, Glas, Alabaster, fein gewebte Stoffe, Messer aus Scarperia oder Küchenartikel aus Bronze.

- **Maestri di Fabbrica**
  Borgo degli Albizi 68r
  www.maestridifabbrica.it

Artigianato e Palazzo

Vier Tage Mitte Mai stellen etwa 100 der besten Marmor-, Bronze-, Textil-, Keramik- und Schmuckkünstler ihre Produkte im Palazzo Corsini, Via della Scala 115, zum Verkauf (www.artigianatoepalazzo.it).

Santa Maria Novella

Das Beste!

- Einen Blick in die Antiquitätenläden der Via de' Fossi werfen › S. 111
- Im Latini echt toskanische Küche genießen › S. 29
- In der Via della Vigna Nuova die neuesten Modetrends bestaunen › S. 110
- Im Cenacolo von Ognissanti ein Renaissance-Fresko ganz alleine bewundern › S. 112
- Verwöhnprodukte in der Apotheke von Santa Maria Novella erstehen › S. 113

Mittelpunkte des vornehmen Viertels mit eleganten Modegeschäften sind die namengebende Kirche Santa Maria Novella mit prächtiger Renaissancefassade und die barock gestaltete Kirche Ognissanti am Arno.

Das Viertel Santa Maria Novella schließt sich westlich an den historischen Altstadtkern an. Die namengebende Renaissancekirche Santa Maria Novella beim Bahnhof und die heute barock geprägte Ognissanti am Arno bilden die beiden Mittelpunkte dieses Stadtteils, der Richtung Porta al Prato und Cascine-Park ausläuft. Einst lag das Viertel noch außerhalb des 1173–1175 erbauten Mauerrings, was im Namen Borgo (Vorort) Ognissanti noch anklingt. Heute spaziert man hier abseits der Verkehrs- und Touristenströme. So prägt eine eher vornehme Stille die bürgerliche Wohngegend mit den eleganten Geschäften.

Im Mittelalter ging es hier lauter zu, denn die Textilindustrie von Florenz hatte hier ihr Zentrum. Höhepunkte der Renaissancekunst – wie der Palazzo Rucellai oder das Trinitätsfresko von Masaccio in Santa Maria Novella – warten am Weg, aber auch viel Barock, eine stilechte alte Apotheke der Dominikanermönche, die zeitgenössischen Skulpturen Marino Marinis und das erste Fotografiemuseum Italiens. Bewundern kann man auch die museumsgleichen Schaufenster der Antiquitätenhändler in der Via de' Fossi und im Borgo Ognissanti sowie die eleganten Roben der Modeboutiquen in der Via della Vigna Nuova.

Tour in Santa Maria Novella

Tour 9 Im Viertel Santa Maria Novella

Tour-Übersicht:

Verlauf: **Ponte alla Carraia › *Palazzo Rucellai › Museo Marini › Casa Galleria › *Ognissanti › San Paolino › Apotheke › Piazza Santa Maria Novella › Museo Nazionale della Fotografia › **Santa Maria Novella**

Dauer: 4–5 Stunden

Praktische Hinweise:

- Der Cenacolo von Ognissanti ist nur Mo, Di und Sa 9–12 Uhr geöffnet, die Kirche Ognissanti Sa–Do 9–12.30, 16–17.30, So, Fei 9–10, 16–17.30 Uhr.
- Jeden Di ist vormittags Markt im Cascine-Park.

Freskendetail in der Spanischen Kapelle

Tour-Start: Ponte alla Carraia 1

Die Brücke wurde nach dem Ponte Vecchio 1218 als zweiter Flussübergang eröffnet. Sie musste 1948 neu aufgebaut werden, denn wie fast alle Brücken in Florenz zerstörten die deutschen Truppen 1944 auch diese. Besonders am Abend hat man von hier einen schönen Blick auf das Arnoufer.

Via della Vigna Nuova

Von der Piazza Goldoni spaziert man die Via della Vigna Nuova entlang, die zweitwichtigste Modemeile der Stadt (nach der Via de' Tornabuoni). Bummeln, gucken, vielleicht

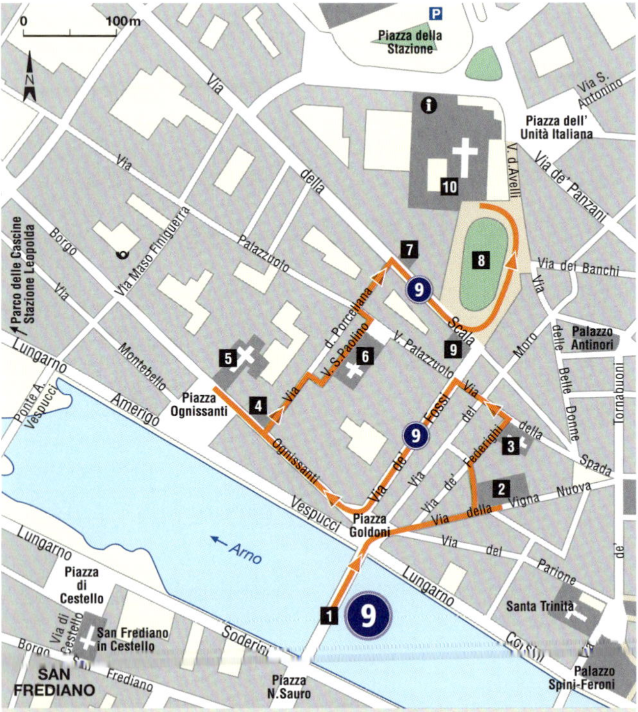

Tour im Viertel Santa Maria Novella

Tour 9

Viertel Santa Maria Novella

1 Ponte alla Carraia
2 Palazzo Rucellai
3 Museo Marino Marini
4 Casa Galleria
5 Ognissanti
6 San Paolino
7 Apotheke Santa Maria Novella
8 Piazza Santa Maria Novella
9 Museo Nazionale della Fotografia
10 Santa Maria Novella

auch einkaufen: Die Boutiquen italienischer Designer laden zum Hereinschauen ein.

Zwischenstopp: **Café**

Der richtige Platz für eine angenehme Pause beim Schlendern ist das modern gestylte, nette **Caffè Amerini.**

- Via della Vigna Nuova 63r | So geschl.

*Palazzo Rucellai 2

Zentral an der Via della Vigna Nuova steht einer der großartigsten Patrizierpaläste der Stadt. Leon Battista Alberti plante den Bau für den Kaufmann Giovanni Rucellai, dessen Wappen – das geblähte Segel – den Fries ziert. Erstmals seit der Antike verwendete hier ein Renaissance-Baumeister die klassische Anordnung mehrerer durch Lisenen gegliederter Stockwerke.

Nach Plänen Albertis vereinte Rossellino ab 1455 existierende Häuser hinter der Renaissancefassade – an der rechten Seite ist diese Vorgehensweise noch zu erkennen. Die Teilung in drei Geschosse verdeutlichen horizontale Zierbänder und vertikal aufstrebende Flachpilaster; ein vorspringendes Gesims schließt das dritte Geschoss ab. Doppelfenster, deren Arkadenrahmen in ein interessantes Spannungsverhältnis zu den ansonsten vorwiegend vertikalen und horizontalen Linien treten, ersetzen im ersten und zweiten Stock die rechteckigen Fenster des Erdgeschosses. Die perfekte Architektur des Palastes sollte Glanz und Machtposition seines Auftraggebers unterstreichen.

Museo Marino Marini 3

Erst-! klassig

Gigantische Pferde in einer ehemaligen Kirche – diese Kombination macht das Museum zu einem der interessantesten der Stadt. **San Pancrazio** beherbergt Gemälde und Bildhauerarbeiten des Pistoiesers Marino Marini (1901–1980). Die Pferdeskulpturen, Anleihen bei antiken Reiterstandbildern, zählen zu seinen eindringlichsten Werken. Die Vielfalt der modellierten Materialien – Bronze, Gips, Wachs, Holz, Terrakotta – weisen Marini als experimentierfreudigen Künstler aus. Oskar Kokoschka in farbigem Gips ist nur eines der Porträts von Persönlichkeiten des 20. Jhs. (www.museomarinomarini.it, Mo, Mi–Sa 10–17 Uhr, Aug. geschl., Eintritt 6 €, Schüler und Studenten 3 €).

Via de' Fossi

Für den Weg zur Piazza Ognissanti zurück über die Piazza Goldoni wählt man am besten die Via de' Fossi: Antiquitäten und Skulpturen machen die Schaufenster fast zu Museumsvitrinen. Eine Augenweide sind die Auslagen von Cei und Bacarelli. Einen ganz eigenen Stil weisen die Möbel von **Flair** (Ecke Piazza Goldoni) auf. Wer bis zur Piazza Vittorio Veneto weiterschlendert, passiert bemerkenswerte Villen des 19. Jhs. und noble Geschäfte.

Erst-! klassig

Zwischenstopp: **Restaurant**

Baccus ●–●●

Weinbar, Restaurant, Pizzeria, günstige Mittagsteller, abends stilvoll.

- Borgo Ognissanti 45r
- Tel. 0 55 28 37 14

Casa Galleria 4

Auch dieses Prunkstück der Architektur des 20. Jhs. von Michelazzi (1911) findet sich im Borgo Ognissanti. Das graziöse Jugendstilhaus mit verspielter Fassade und raffinierter Linienführung erinnert an die manieristischen Entwürfe von Buontalenti. In den Schaufenstern der Antiquare rund um die Casa sieht man herrliche Möbel, Einrichtungsgegenstände und Gemälde!

Erst-! klassig

*Ognissanti 5

Die Barockfassade von Ognissanti belegt, dass beschwingte Linien auch im 17. Jh. Anklang fanden. Matteo Nigetti gliederte 1637 die bewegte Fassade durch breite Gesimse; Nischen und Fenster schmücken fantasievolle Rahmen. Ein riesiges Wappen der Stadt bildet den oberen Fluchtpunkt.

Innenraum

Barock herrscht auch im Innenraum, von der Nüchternheit der 1251 errichteten Kirche des Humiliaten-Ordens blieb so gut wie nichts erhalten. Wie unterschiedlich zwei der berühmtesten Renaissancemaler etwa zur gleichen Zeit (1480) eine vergleichbare Aufgabe meisterten, lässt sich am Bildnis des Augustinus (nach dem dritten Altar rechts) und dem des Hieronymus gegenüber studieren. Sandro Botticelli malte Augustinus als einen von inneren Spannungen gezeichneten Mann; das Astrolabium weist wie das Buch mit den Theoremen des Pythagoras auf den Humanismus und die neuen Wissenschaften hin. Domenico Ghirlandaio zeigt Hieronymus naturalistischer, doch Spannung wie bei Botticelli fehlt. Brille, Kerze und Schere unterstreichen seine Auffassung vom Menschen als eine eher armselige Kreatur, vom neuen humanistischen Gedankengut fast keine Spur (Öffnungszeiten › **S. 109**, gratis).

Ehemaliges Refektorium

Der Großstadtlärm scheint Ewigkeiten entfernt, wenn man links neben der Kirche (Nr. 42) den hübschen Renaissance-Kreuzgang und von dort das ehemalige Refektorium der Mönche betritt. Die stille Heiterkeit, mit der Garten und Vögel im Hintergrund das ***Abendmahlsfresko** von Domenico Ghirlandaio erfüllen, nimmt den Besucher sofort gefangen – zumal der reale Raum des Refektoriums im gemalten des Bildes fortgesetzt wird und man als Betrachter mitten in der friedlichen Szenerie zu stehen scheint. Die Fabeltiere der Tischdecke zählen zu den vielen schönen Details dieses Freskos (Mo, Di, Sa 9–12 Uhr, gratis).

Erst-! klassig

San Paolino 6

Die barfüßigen Karmeliter ließen 1669–1693 den Bau, eine der stilreinsten Barockkirchen der Stadt, von Grund auf erneuern. Hinter der nüchternen Fassade verbirgt sich eine reiche Innenausstattung aus dem 17. und 18. Jh. So verwundern auch Anklänge an den Prunk des römischen Barock von Gian Lorenzo Bernini keineswegs: G. B. Foggini ließ sich davon inspirieren, als er

› Karte S. 110

um 1700 die Grabdenkmäler der ersten Kapelle rechts schuf.

Apotheke Santa Maria Novella 7

Leiden Sie nach so viel Kunst an Atemnot, schwankt der Boden unter Ihren Füßen? In der wunderschönen Apotheke der Mönche von Santa Maria Novella werden seit 1612 Liköre, Seifen, Kosmetika und Bonbons aus eigener Herstellung verkauft.

Erst-! klassig

Piazza Santa Maria Novella 8

Weit öffnet sich diese großzügige Piazza. Die Dominikaner waren ein Predigerorden, sie brauchten Platz für ihre Ansprachen ans Volk – und die Republik hatte ein Einsehen. 1287 wurde die Piazza auf Betreiben der Kommune angelegt, störende Häuser ließ man abreißen. Die Stufen der hübschen Loggia des Hospitals San Paolo gegenüber der Kirche dienen als Sitzplatz, um das Treiben zu überschauen. Reizvoll sind auch die kleinen Bronzeschildkröten von Giambologna, die die Obelisken auf der Piazza tragen. Cosimo I. ließ sie als Wendemarken für den *Palio dei Cocchi,* ein 1563 eingeführtes Wagenrennen, aufstellen.

Museo Nazionale Alinari della Fotografia 9

Seit 2006 hat im Hospital San Paolo das Fotografiemuseum mit alten Fotoapparaten und Wanderausstellungen zeitgenössischer Fotografen seinen Sitz. Die Brüder Alinari zählten um 1840 zu den Pionieren der

Die prachtvolle Renaissancefassade von Santa Maria Novella

Fotografie in Italien; seit 1852 hatten sie sich auf kunstvolle Aufnahmen berühmter Gebäude und Szenen aus dem Alltagsleben spezialisiert (www.alinarifondazione.it, tgl. außer Mi 10–18.30 Uhr, Info: Tel. 0 55 21 63 10, Eintritt 9 €, 6 bis 18, über 65 Jahre, Familienmitglieder 7,50 €; Mo alle 6 €).

Shopping

Der **Alinari-Shop** mit größerer Auswahl an der Via Nazionale (Largo Alinari 15, www.alinari.it, zzt. Umbau, Verkauf im Fotografiemuseum) bietet Fotoarbeiten der Alinari-Brüder. Eine romantische Arno-Ansicht ist ein schönes Souvenir.

Erst-! klassig

**Santa Maria Novella 10

Die anmutige Renaissancefassade von Santa Maria Novella schließt die Piazza gen Norden ab. Alberti gelang hier eine außergewöhnliche Verbindung. Das Rundfenster und der untere Part stammen aus der Gotik, die schmale Mittelzone, die seitlichen schneckenartigen Voluten sowie das Obergeschoss mit dreieckigem Giebel gestaltete Alberti ab dem Jahr 1458 (Mo–Do 9–17.30, Fr 11–17.30, Sa 9–17, So Okt.–Juni 13–17, sonst 12–17 Uhr, Eintritt Sammelticket Kirche und Museo di Santa Maria Novella 5 €, Kinder bis 5 Jahren gratis, unter 18 und über 65 Jahren 3,50 €).

Innenarchitektur

Der offene Raumeindruck des fast 100 m langen, dreischiffigen Inneren wird durch die hohen, weiten, farblich akzentuierten **Arkaden** erreicht. Im Gegensatz zu anderen Bettelordenskirchen mit offenem Dachstuhl wählten die Dominikaner hier ein gotisches Kreuzgratgewölbe. Die kostbare **Ausstattung** verdankt die Kirche wohlhabenden Kaufleuten, die sich mittels prächtiger Fresken Seelenheil und Prestige sichern wollten. So beauftragten neben den Rucellai, welche die Fassade von Alberti mitfinanzierten, auch die Familien Ricasoli, Strozzi, Gondi und Tornabuoni die besten Künstler jener Zeit.

Cappella di Filippo Strozzi

Jede Familienkapelle glänzt mit exquisiten Meisterwerken. Filippo Strozzi wollte nach der Rückkehr aus dem Exil 1486 Präsenz beweisen: Mit dem Auftrag für den Palazzo Strozzi gab er 1489 Filippino Lippi auch den Zuschlag für die ***Kapelle** neben dem Hauptaltar (rechts). Die Fresken zeigen Szenen aus dem Leben des hl. Philippus, des Namenspatrons Strozzis. Lippis lebhafte Bilder weisen über die Renaissance hinaus, die Figuren in der Kreuzigung des Heiligen, die ausdrucksstarken Gesichter haben manieristische Züge. Er entwarf auch das Glasfenster.

Cappella Tornabuoni

Die berühmten Fresken der ***Hauptchorkapelle** mit Szenen aus dem Leben Marias (links) und Johannes des Täufers (rechts) gab Giovanni Tornabuoni 1485 bei Domenico Ghirlandaio in Arbeit. Wie die Sassetti-Kapelle in Santa Trinita ist auch dieser Zyklus getreues Abbild des Alltagslebens der High Society: Kleidung, Haartracht und Innenausstattung der Paläste bildete Ghirlandaio, wie es die Renaissancemalerei verlangte, möglichst naturgetreu ab.

Am deutlichsten sichtbar wird die Realitätsnähe in den Porträts der auftraggebenden Familie: Unter den von Ghirlandaio entworfenen Glasfenstern beten Giovanni Tornabuoni und seine Gattin Francesca Pitti; die junge Frau im Goldbrokatkleid in der »Geburt Marias« (linke Wand) ist Ludovica Tornabuoni, ihre Tochter. In der Szene »Der Engel erscheint Zacharias« (rechte Wand unten) entdeckt man acht Familienmitglieder und führende Humanisten ihrer Zeit.

In der nächsten **Kapelle der Familie Gondi** überzeugt die fast düstere, vorwiegend schwarzweiße Marmorarchitektur von Giuliano da Sangallo. Hier hängt auch das ***Holzkruzifix von Brunelleschi**, die erste nackte Christusdarstellung der Renaissance.

Masaccios **Trinitätsfresko

Das Trinitätsfresko (1427) von Masaccio im linken Längsschiff gilt als eines der bedeutendsten Werke der Renaissance. Gottvater inmitten einer vollendeten Renaissancearchitektur – so etwas wagte man nur im selbstbewussten Florenz. Masaccio übernahm die Bauten Brunelleschis ins Bild, nicht nur ihre äußere Form; auch die auf Brunelleschi zurückgehende Zentralperspektive wendete er als erster Maler perfekt an. Das auf den ersten Blick unscheinbare Bild revolutionierte durch die Einführung der Perspektive die Malerei – überwand die flach wirkenden gotischen Altarbilder.

Erst-! klassig

Im linken Querschiff der erhöhten ***Strozzi-Kapelle** bieten die Fresken von Nardo di Cione und das Altarbild seines Bruders Andrea Orcagna einen Vergleich mit Masaccios Neuerung.

Museo di Santa Maria Novella

Etwas Abstand zum oft großen Gedränge in der Kirche gewinnt man in den ***Kreuzgängen,** die das Museum beherbergen (Zugang links der Kirche). In den Lünetten des Chiostro Verde (1330–1350) sehenswert: Paolo Uccellos Version der Schöpfungs- und frühen Menschheitsgeschichte. Der Kapitelsaal wartet mit reichem ikonografischem Programm von 1367 auf: an der Stirnwand das Kreuzigungsthema, an der linken Wand der Triumph des Dominikaners Thomas von Aquin, rechts die siegreiche Kirche, unterstützt durch die »Hunde Gottes« (*domini canes* = Dominikaner).

Cappella Tornabuoni, Detail aus der Verkündigung an Zacharias von Ghirlandaio

Cosimo I. stellte den Saal 1540 dem spanischen Gefolge seiner Gemahlin Eleonora von Toledo zur Verfügung, so trägt er den Namen *Cappellone degli Spagnoli* (Öffnungszeiten und Eintritt › **S. 114**).

Im Westen des Viertels

Ein Spaziergang führt zum **Cascine-Park**, der sich 3 km zwischen Arno, Kanal Macinante und dem Flüsschen Mugnone erstreckt. Hier kann man dienstags über den Markt › **S. 35** bummeln, im Ippodromo Galopprennen zusehen oder das Amphitheater besuchen. Die besten Discos zum Tanzen befinden sich im Park. Die **Stazione Leopolda** › **S. 39** nördlich vom Parkeingang ist ein angesagter Event-Ort. Direkt daneben (Viale Fratelli Rosselli 1) steht das **Nuovo Teatro dell'Opera** (Eröffnung Mai 2014).

Erst-! klassig

Oltrarno

Das Beste!

- Im Giardino di Boboli im Grünen spazieren › S. 121
- Abends auf der Piazza Santo Spirito im Freien speisen › S. 124
- Vom Piazzale Michelangelo aus über Florenz blicken › S. 128
- Einem Handwerker bei der Arbeit zuschauen › S. 123
- Die elf Raffael-Gemälde in der Galleria Palatina bestaunen › S. 119

Zwischen den Glanzstücken des Florentiner Reichtums auf der linken Uferseite folgen Kunsthandwerker der großen Tradition der Stadt. Ein Spaziergang auf die Hügel zum Piazzale Michelangelo wird mit einem herrlichen Ausblick belohnt.

Oltrarno, jenseits des Arno, liegt einer der lebhaftesten und volkstümlichsten Stadtteile. Klopfen, Hämmern und Sägen hallen in den Straßen wider. In den Gassen rings um das Renaissancekleinod Santo Spirito ist die Tradition des Florentiner Kunsthandwerks mit kleinen *Botteghe* bis heute lebendig, in der Via Maggio zeigen die großen Antiquare ihre museumsreifen Exponate. Und im Viertel San Frediano trifft man sie noch – die Signoras, die gegen Abend ihre Stühle vor die Tür stellen und mit der Nachbarin ein Schwätzchen halten, unbeeindruckt von den mächtigen Mauern des Palazzo Pitti oder dem einzigartigen Freskenzyklus der Brancacci-Kapelle in Santa Maria del Carmine. Hier scheint Florenz noch ganz den Florentinern zu gehören, und als Tourist kann man in den florentinischen Alltag eintauchen.

Die Piazze Santo Spirito und Santa Maria del Carmine sind aus dem Nachtleben der Florentiner nicht mehr wegzudenken. Einmalige Stadtansichten erwarten Sie bei einem Aufstieg in die Hügel, am Rande des Viertels, im Giardino di Boboli, im Giardino Bardini, am Forte Belvedere, dem Piazzale Michelangelo oder vor San Miniato al Monte. Die rote Domkuppel, der schlanke Turm des Palazzo Vecchio und die grüne Kuppel der Synagoge dienen als Blickfang im Tal, durch das sich das silberne Band des Arno hindurchschlängelt.

Touren im Oltrarno

Tour 10 Rund um den Palazzo Pitti

Tour-Übersicht:

Verlauf: ***Santa Felicita › **Palazzo Pitti › **Giardino di Boboli › Museo della Specola**

Dauer: 5 Stunden

Praktische Hinweise:

- Der Palazzo Pitti beherbergt sieben Museen. Für Galleria Palatina, Appartamenti Monumentali und Galleria d'Arte moderna gilt ein Ticket (8,50 €), ebenso für Giardino di Boboli, Museo degli Argenti, Museo delle Porcellane, Galleria del Costume und Giardino Bardini (7 €).

Edle Schreibutensilien bei Giannini

Tour-Start: *Santa Felicita 1

Neben dem Ponte Vecchio sieht man den Korridor von Vasari, einen Fluchtweg, den ein eleganter Portikus vor der Fassade von Santa Felicita stützt. Die kleine Kirche, die ihr heutiges barockes Erscheinungsbild im 18. Jh. erhielt, zählt mit San Lorenzo zu den ältesten christlichen Kultstätten der Stadt. Bereits im 4. Jh. trafen sich hier syrisch-griechische Christen zum Gebet. Heute bewundert man in der **Capponi-Kapelle** (gleich rechts) den manieristischen Malstil in seiner vollen Blüte: Pontormo erzielte mit einer feinen, leuchtenden Farbgebung in der ***Grablegung Christi** eines seiner Meisterwerke. Beim plastisch geformten Engel des Verkündigungsfreskos treten in seinem leicht verdrehten Körper Merkmale des Manierismus voll zutage (Mo–Sa 9.30–12, 15.30–17.30 Uhr, gratis).

Erst-! klassig

Zwischenstopp: Restaurants

Golden View Open Bar ●●●

Der traumhafte Blick auf den Ponte Vecchio und die leichte mediterrane Küche ziehen die Gäste an. Bar, Pizzeria, Mo, Mi, Fr und Sa Live-Jazz.

- Via de' Bardi 58r
- Tel. 0 55 21 45 02
- www.goldenviewopenbar.com
- Tgl. 12–1 Uhr

Il Panino del Chianti ●

Nahe dem Ponte Vecchio, gute toskanische Panini, ab 18 Uhr Aperitif mit Chianti-Weinen.

- Via de' Bardi 63r
- Tel. 05 52 39 88 31

**Palazzo Pitti 2

Der riesige Komplex der einstigen Residenz der Medici erhebt sich wuchtig an der gleichnamigen Piazza. Schon die Verwendung von mächtigen Bossenwerksteinen zeigt den Machtanspruch, dem dieses Gebäude Ausdruck verleihen sollte. Cosimo de' Medici hatte das bisher öffentlichen Bauten (wie etwa dem Palazzo Vecchio) vorbehaltene Stilelement 1444 erstmals bei einem Privatpalast eingesetzt, dem heutigen Palazzo Medici-Riccardi. Die rivalisierende Familie Pitti zog 1458 nach, musste jedoch die Arbeiten um 1470 aus Geldmangel einstellen.

Sozusagen als späte Rache kaufte Eleonora von Toledo, Gattin des Medici-Herzogs Cosimo I., 1549 den Palast. Ab 1558 erweiterten Ammannati und im 17. Jh. seine Nachfolger den Bau unter Berücksichtigung der Formensprache Brunelleschis (von dem die ursprünglichen Pläne stammten) zum größten Florentiner Palazzo. Wie die 205 m lange und 38 m hohe Fassade beeindruckt auch der Innenhof von Ammannati durch seine klare Gliederung, hier erzielt durch stark akzentuierte Pilaster und Rundbogen (Tickets › S. 117, Infos: www.polomuseale.firenze.it).

Appartamenti Monumentali

Die Residenz der Medici-Großherzöge, später der Lothringer und des italienischen Königshauses, zählt heute zu den bedeutendsten Museumskomplexen der Stadt und bietet von Kutschen und Kostümen bis zu Caravaggio-Gemälden für jeden

Kunstliebhaber etwas. Über vier Jahrhunderte ließen die herrschenden Familien bis hin zum italienischen Königshaus die Räume des Palastes gestalten. Feine Stuckarbeiten, wertvolle Gobelins und Seidentapeten, eindrucksvolle Fresken und außergewöhnlich schöne Originalmöbel im rechten Flügel beeindrucken jeden Besucher der prunkvoll ausgestatteten Appartamenti Monumentali.

**Galleria Palatina

Die reich verzierten barocken Räume der Galleria Palatina stellen den Kunstwerken ein unvergleichliches, für manche zuweilen auch ein erschlagendes Ambiente gegenüber. Besondere Aufmerksamkeit verdienen die von Pietro da Cortona ausgemalten mythologischen Säle (Saal der Venus, des Apoll, des Mars, des Jupiter und des Saturn) zur Piazza hin. Den Grundstock für die ausgestellte Gemäldesammlung legten die Medici, die Lothringer vervollständigten sie; allerdings erfolgte Erst-! klassig ihre Hängung ausschließlich nach ästhetischen Kriterien. So wurde eine dekorative Ordnung erzeugt, die bis heute erhalten geblieben ist und zur Faszination der Kunstsammlung beiträgt. Erst-! klassig Kein Museum der Welt besitzt mehr Raffael-Gemälde (elf), zudem sind hier 13 der berühmtesten Tizian-Bilder, Werke Rubens, van Dycks, Caravaggios, Murillos sowie der Venezianer Tintoretto und Giorgione versammelt.

Man sollte auch die Maler der Florentiner Spätrenaissance, Andrea del Sarto und Fra Bartolomeo,

Die glanzvolle Galleria Palatina

sowie deren exzentrische Schüler Rosso Fiorentino und Pontormo würdigen (Di–So 8.15–18.50 Uhr, Tickets › S. 117).

Galleria d'Arte moderna

Der Schwerpunkt liegt auf der italienischen Malerei des 19. Jhs. Gut vertreten sind die Macchiaioli, eine toskanische Künstlergruppe, die Ende des 19. Jhs. Italiens Kunstschaffen stark beeinflusste. Ihre Farbflecktechnik (*macchie* = Flecken) kommt in den Landschaftsbildern des Livornesers Giovanni Fattori und bei den Arbeiten des Florentiners Telemaco Signorini am besten zur Geltung. Unter den Skulpturen ragen die klassizistischen Werke Antonio Canovas hervor (Di–So 8.15–18.50 Uhr, Tickets › S. 117).

*Museo degli Argenti

Edelsteine, Gold, Silber, Elfenbein – das Museum ist eine wahre Schatzkammer. Atemberaubend ist nicht nur die exquisite Vasensammlung von Lorenzo il Magnifico mit Stücken aus dem alten Rom, dem Sassanidenreich, Byzanz und dem Venedig des 14. Jhs.

Wertvolle Goldschmiedearbeiten glitzern in mehreren Sälen, einige stammen von Balthasar Permoser und anderen süddeutschen Künstlern. Die Piazza della Signoria in Gold und Edelsteinen ist nur eines der zahlreichen Schmuckstücke, die hier zu bewundern sind (Nov.–Febr. tgl. 8.15–16.30, März 8.15–17.30, April–Mai, Sept.–Okt. 8.15–18.30, Juni–Aug. 8.15–18.50 Uhr, 1. und letzter Mo im Monat geschl., Tickets › S. 117).

Erst-! klassi

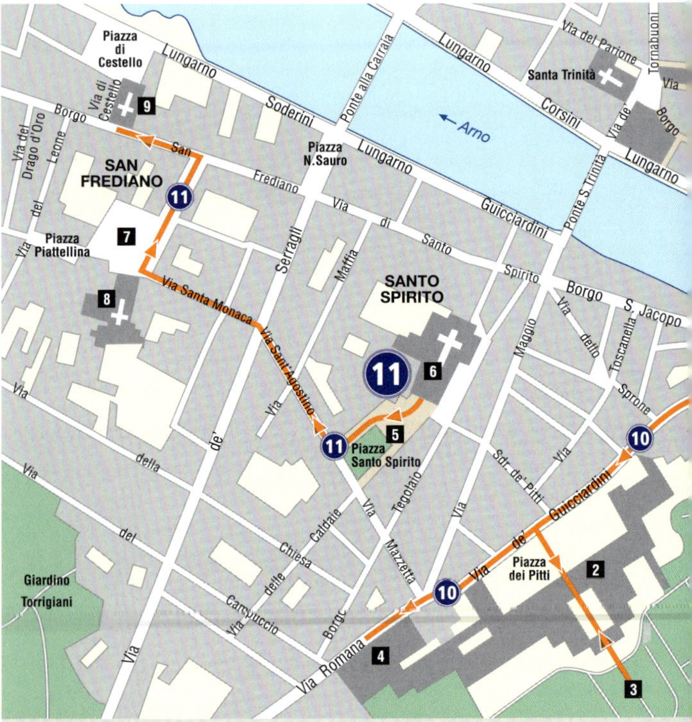

Touren im Oltrarno

Tour 10

Rund um den Palazzo Pitti

1 Santa Felicita
2 Palazzo Pitti
3 Giardino di Boboli
4 Museo della Specola

Tour 11

Unterwegs in Santo Spirito und San Frediano

10 **Giardino di Boboli 3

Von so viel Prunk erholt man sich beim Spaziergang durch einen der großartigsten italienischen Renaissancegärten. Der elegante Palastgarten erstreckt sich den Hügel hinauf bis zum Forte Belvedere auf 45 000 m² und bildet seit 1766 eine der wenigen der Öffentlichkeit zugänglichen Parkanlagen in Florenz. Man schlendert über schön angelegte Wege; immer wieder spitzt ein Brunnen, eine Skulptur zwischen dem Grün hervor (geöffnet wie Museo degli Argenti, Tickets › **S. 117**).

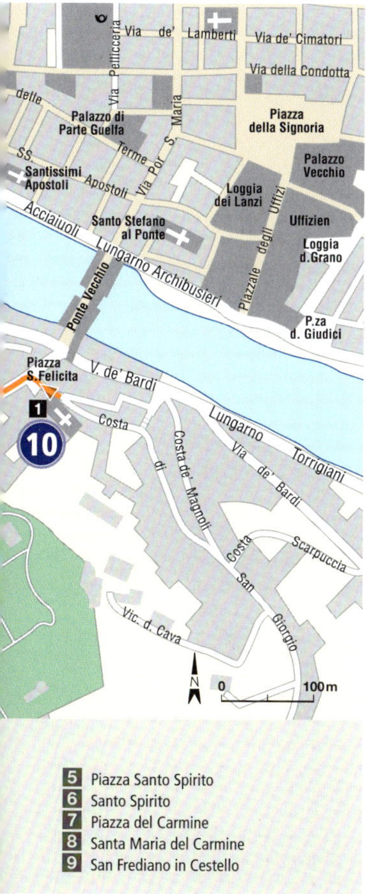

Kaum steigt man vom Innenhof des Palazzo Pitti die Treppe hinauf, erblickt man erstaunt ein Freilufttheater, in dem Ende des 16. Jhs. nicht nur große Feste gefeiert wurden, sondern auch die ersten Opernaufführungen der Welt stattfanden – die europäischen Fürstenhöfe setzten damals alles daran, Prunk und Feste der Medici-Großherzöge zu kopieren. Der ägyptische Obelisk aus Luxor ist schon über 3500 Jahre alt. Geht man am oberhalb gelegenen Wasserbecken (Teil der Caracalla-Thermen in Rom) mit der beschwingten Neptunstatue vorbei nach links, erreicht man das Kaffeehaus (zzt. geschl.). Großherzog Pietro Leopoldo aus Österreich hatte wohl Heimweh nach Wien, als er 1776 den kleinen Rokokopavillon in Auftrag gab. Hier genießt man eine der schönsten Aussichten auf Florenz. **Erst-klassig** Weiter unten begegnet man zwei großen gefangenen Parther-Kriegern aus dem 2. Jh. oder dem Zwerg Morgante auf dem Rücken einer Schildkröte. Der Hofnarr von Cosimo I. und die bizarre Grotte von Buontalenti in der nordöstlichen Parkecke zeigen die Vorliebe der Zeit für das Groteske. Richtig romantisch ist die Stimmung beim reizenden *Isolotto im Südosten des Parks. **Erst-klassig**

Weitere Museen

Selbst auf Modefragen gibt der Park eine Antwort: Die **Galleria del**

› Karte S. 120

Costume in der neoklassizistischen Palazzina della Meridiana präsentiert Mode von Anfang des 18. Jhs. bis in die 1920er-Jahre › **S. 37** (Zugang vom Palazzo Pitti). Die üppig verzierten Kutschen im **Museo delle Carozze** zeigen, wie man früher reiste (zzt. in restauro). Im Garten liegt das sehenswerte **Museo delle Porcellane** (geöffnet wie Museo degli Argenti › **S. 120**, Tickets › **S. 117**).

Cafés

Das **Caffè Pitti** an der Piazza del Pitti (Nr. 9, Tel. 05 52 39 98 63, www.caffepitti.it) lädt zur Pause im Jugendstilambiente ein. Bis spät nachts treffen sich hier Künstler und andere Freunde der Kunst.

Bei **Dolcissima,** Via Maggio 61r, schmecken die kleinen Törtchen einfach unwiderstehlich! (www.dolcissimafirenze.it, Di–Sa 7.30–20, So 8.30–14 Uhr).

Shopping

Erst-! klassig

Bei **Giannini** an der Piazza dei Pitti (Nr. 37r) kann man edle Schreibtischutensilien und marmoriertes Papier erstehen › **Special S. 107.**

Museo della Specola 4

Die Sammelleidenschaft von Großherzog Pietro Leopoldo bildete 1775 den Grundstock für ein sehr gut bestücktes Zoologisches Museum südwestlich des Palazzo Pitti an der Via Romana. Gezeigt wird eine Fülle von Lebewesen, ein großes Spektrum dessen, was sich auf der Erde, in der Luft und im Wasser rührt. Schädel von afrikanischem Großwild, ausgestopfte Krokodile, bunt gefiederte Vogelarten und Meerestiere sind zu sehen, allerdings sind die Exponate nur italienisch und lateinisch beschriftet. Eine Rarität, die sensible Naturen lieber meiden sollten: die 1400 Stücke umfassende Anatomiesektion (zzt. in restauro). Clemente Susini schuf 1775–1814 aus Wachs die verblüffend echt wirkenden Körper und Körperteile, deren wissenschaftlich genaue Proportionen ebenso faszinieren wie ihre eigenartige Schönheit (Via Romana 17, www.msn.unifi.it, Di–So 9.30 bis 16.30, Juni–Sept. 10.30–17.30 Uhr, Eintritt 6 €, 6–14, über 65 Jahre 3 €; engl. Einführung an der Kasse erhältlich).

Tour 11 Unterwegs in Santo Spirito & San Frediano

Tour-Übersicht:

Verlauf: **Piazza Santo Spirito › *Santo Spirito › Cenacolo di Santo Spirito › Piazza del Carmine › Santa Maria del Carmine › **Brancacci-Kapelle › San Frediano in Cestello**

Dauer: 3 Stunden

Praktische Hinweise:

- Besonders am Abend gehören die Piazza Santo Spirito und die Piazza del Carmine zu den beliebtesten Treffs in Florenz.
- Der Cenacolo di Santo Spirito ist nur an drei Tagen in der Woche geöffnet: Mo, Sa, So 10–16 Uhr.

Tour-Start: Rund um die Piazza Santo Spirito 5

Unwiderstehlich umfängt die Besucher die einzigartige Atmosphäre des idyllischen Viertels an der Piazza Santo Spirito mit ihrem hübschen Brunnen, um den bis spät nachts das Leben tost.

Die kleinen Läden, Trattorien und vielen Handwerksbetriebe in diesem Stadtteil sorgen für ein lebhaftes Flair. In den Gässchen arbeiten Restaurateure, Rahmenmacher und andere Handwerker, die mit Stein, Eisen oder Holz in traditionellen Verfahren alte Kunstwerke kopieren, aber auch neue Ideen mit modernem Design verwirklichen.

Das traditionelle Handwerk hat sich umgestellt und sieht in den Touristen neue Abnehmer. So kann man den Meistern bei der Arbeit in den *Botteghe* zusehen; viele stellen die restaurierten Möbel auch zum Trocknen auf die Straße › **Special S. 106**.

Shopping

Donato Zaccaro (Sdrucciolo de' Pitti 12r) bietet Kreationen aus Silber, **giulia materia** (Sdrucciolo de' Pitti 13r) ausgefallenes Design für Notizbücher und Hefte, **Giancarlo Giachetti** (Via Toscanella 5r) originelle Skulpturen aus Eisen zum Verkauf, heitere Sternlampen die Handwerker **Borghesi & Chiti** (Via Toscanella 26r). Antiquitäten findet man in den Adelspalästen der Via Maggio: herrliche Art-déco-Lampen und -Objekte bei **Traslucido** (Nr. 9r) und prachtvolle Leuchter in Bronze, Kristall und Holz bei **G. degli Albizzi & C.** (Nr. 13).

*Santo Spirito 6

Man vermutet hinter der schlichten Fassade von Santo Spirito kaum Meisterwerke der Renaissance. Brunelleschi begann 1444 den Neubau für die Augustinermönche in seiner klaren Formensprache, von verspielter internationaler Gotik fehlt hier jede Spur. Kuppel und Campanile wurden nach seinem Tod fertiggestellt, die Fassade blieb unvollendet und darum so schmucklos (Mo, Di, Do–Sa 9.30–12.30, 16 bis 17.30, So, Fei 16–17.30 Uhr, gratis).

Innenraum

Erst-! klassig

Innen beeindruckt die Kirche durch unvergleichliche Harmonie. Die drei Längsschiffe, Querschiff, Vierung, Chor und Chorumgang – alle Teile werden von Granitsäulen mit korinthischen Kapitellen zwischen Rundbogen begrenzt; das Gesims darüber betont den einheitlichen Eindruck.

Über die Renaissance hinaus weisen die 40 umlaufenden **Kapellen,** die – wie sonst erst im Barock – die Wände aufbrechen. Natürliches Licht erhellt die Kirche; Kerzenschein und gotischer Zierrat waren überflüssig, denn hier sollte allein die Eleganz der Form Ehrfurcht wecken. Architektonische Vollkommenheit wie in der Antike war Brunelleschis Ziel. Wie nahe er diesem Ideal kam, erkennt man, wenn man vom Altar zum Eingang blickt. Auch erhielten alle Kapellen gleiche Altäre und jeweils ein Altargemälde des 15. Jhs. – Einheitlichkeit war auch bei Details wichtig. Im linken Querschiff ist die Originalausstattung erhalten, die meisten Kapellen wurden im 16. und 17. Jh. erneuert. Beachtung verdient ein **Altarbild** von Filippo Lippi im rechten Querschiff und ein Rosso Fiorentino im linken Seitenschiff.

Die prunkvolle **Decke des Vestibüls,** von korinthischen Säulen getragen, entstand ebenso nach Plänen von Giuliano da Sangallo wie die klar gegliederte **Sakristei,** deren dreizoniger Aufbau Michelangelo als Vorlage für die Sakristei in San Lorenzo diente.

Erst-! klassig

Die schönsten Plätze am Abend

- Stilvoll, vielleicht bei Pianomusik im Paszkowski, lassen Touristen und Einwohner den Tag auf der **Piazza della Repubblica** ausklingen › **S. 77.**
- Die vielen Restaurants, Pubs und Cafés ziehen Menschen an die **Piazza del Mercato Centrale.** Hier essen, trinken und leben Sie nachts an einem der begehrtesten Plätze der Innenstadt › **S. 86.**
- Wenn Sie viele Leute und Trubel mögen: Am Abend ist immer etwas los auf der **Piazza Santo Spirito** › **S. 123.**
- Die High Society trifft sich an der **Piazza del Carmine** › **S. 124.**
- Wer abends auf den **Piazzale Michelangelo** kommt, besonders am Wochenende, steht mitten in der Florentiner Abendgestaltung. Bis spät nachts fährt ein Auto nach dem anderen vor: Gruppen junger Florentiner in Feierlaune entsteigen ihnen › **S. 128.**

Cenacolo di Santo Spirito

Ein großartiges **Kreuzigungsfresko** von Andrea Orcagna nimmt die gesamte Querwand des Refektoriums (Cenacolo di Santo Spirito) neben der Kirche ein. Die kleine, aber feine **Sammlung Romano** hier umfasst Skulpturen von Tino da Camaino, Jacopo della Quercia und Donatello (Mo, Sa, So 10–16 Uhr, Eintritt 3 €, Ermäßigungen › **S. 138**).

Restaurants

Auf der Piazza Santo Spirito hat man die Qual der Wahl: nur einen Salat oder doch ein Menü? Beides bieten etwa die **Osteria Santo Spirito** (**●●**, Nr. 16r, Tel. 05 52 38 23 83, tgl. ab 12 Uhr) und die Pasta-Bar **Tamerò** (**●**, Nr. 11r, Tel. 0 55 28 25 96, tgl. 12–15, 19–2 Uhr).

Erst-! klassig

Die echte neapolitanische Pizza gibt es gleich um die Ecke im kleinen Lokal **Gustapizza** (**●**, Via Maggio 46r, Tel. 0 55 28 50 68, Mo geschl.).

Bei **Vivanda** (**●**, Via Santa Monaca 7r, Tel. 05 52 38 12 08, www.vivandafirenze.it, tgl.) genießt man zu 150 Bio-Weinen hervorragende vegetarische Gerichte.

Nightlife

Cabiria

Auch Bar-Restaurant, aber vor allem ein Muss für die Nachtschwärmer.

- Piazza Santo Spirito 4r
- www.cafecabiria.com | Tgl. 11–1 Uhr

Piazza del Carmine 7

Die Piazza del Carmine wirkt auf den ersten Blick wenig einladend: Sie muss als Parkplatz für Florentiner mit Anwohnerparkausweis herhalten. Dennoch entwickelte sich

Erst-klassig hier ein quirliges Nachtleben.

Nightlife

Dass die Piazza del Carmine zum nächtlichen Anziehungspunkt wurde, war zuallererst dem In-Café **La Dolce Vita** (Nr. 6r, www.dolcevitaflorence.com) zu verdanken (regelmäßig Ausstellungen). An der Verlängerung der Piazza im Westen, der Piazza Piattellina, zieht das nette Café **Hemingway** (Nr. 9r) mit seinen exzellenten Schokoladenkuchen viele Gäste an. In der modern gestylten American Bar und Restaurant namens **flet** (Piazza de' Nerli 2r–4r; westl. Piazza del Carmine) reicht das Menü von Foccaccia bis zu Hamburgern und Salaten (tgl. bis nach Mitternacht).

Santa Maria del Carmine 8

Stein und Ziegel lassen die hohe Fassade der Kirche eher abweisend wirken, und so kommen nur wenige, um die ursprünglich 1268 von Karmelitern errichtete und nach einem Brand 1771 völlig erneuerte Kirche zu besichtigen.

11 **Brancacci-Kapelle

Der berühmte Freskenzyklus der Brancacci-Kapelle, die den Brand von Santa Maria del Carmine glücklicherweise unbeschadet überstand, wirkt – anders als die Kirche selbst – als Touristenmagnet, weshalb sie einen Extra-Eingang durch den neben der Kirche liegenden Kreuzgang bekam. Ein Rivale der Medici, Felice Brancacci, gab 1423 den Auftrag für die Ausmalung mit Fresken an Masolino da Panicale und den

Detail aus dem Zinsgroschenfresko

noch jungen Masaccio. Nach der Rückkehr von Cosimo de' Medici aus dem Exil musste Brancacci in die Verbannung (1436), und die Arbeiten an dem Zyklus wurden unterbrochen.

Erst Filippino Lippi konnte sie nach 1480 zu Ende führen. Um die Einheit des Zyklus zu wahren, musste Lippi sich jedoch an den Stil seines Vorgängers anlehnen und die eigene lebhaftere Formensprache zurücknehmen, denn Masaccios Fresken waren bereits im 15. Jh. für ihre eindrucksvolle Menschendarstellung berühmt; Meister wie Fra Angelico, Leonardo da Vinci und Michelangelo kamen in die Kapelle, um sie zu studieren (Mi–Mo 10–17, So, Fei 13–17 Uhr, Eintritt 6 €, Ermäßigungen › **S. 138**, Ticketreservierung: Tel. 05 52 76 82 24, http://museicivicifiorentini.comune.fi.it).

Das Zinsgroschenfresko

Die klare Linienführung, die Realitätsnähe der Figuren, sein Einfühlungsvermögen in ihre Charaktere, die vollkommene Beherrschung der Perspektive machen Masaccios Arbeit zu einem Glanzpunkt der Renaissancemalerei. Im Monumentalgemälde »Pagamento del Tributo« (»Der Zinsgroschen«) wird die Raumaufteilung augenfällig: Von den Aposteln umgeben steht Christus würdevoll im Mittelpunkt; der kecke, leicht tänzelnde Steuereinnehmer kehrt dem Betrachter den Rücken zu. Links weist Christus Petrus an, dem Fisch das Geldstück zu entnehmen, das Petrus rechts dem Steuereintreiber übergibt.

Masolino blieb der späten Gotik stärker verhaftet, doch zeichnen sich seine Figuren durch eine besonders subtile Farbgebung aus und können sich durchaus mit den anderen im Gesamtzyklus messen.

Die Petrusfresken

Das Hauptthema der Fresken ist das Leben des Apostelfürsten Petrus. Die dargestellte Szenenfolge beginnt mit Adam und Eva (rechte Seitenwand oben) und geht dann über zur Vertreibung aus dem Paradies (linke Seitenwand oben). Es folgen danach die Szenen: Der Zinsgroschen, die Predigt des Petrus, Taufe der Neophyten, Heilung des Lahmen, Erweckung der Tabitha. Links unten sind zu sehen: Paulus besucht Petrus im Kerker, Petrus erweckt den Sohn des Theophil zum Leben, Petrus auf dem Lehrstuhl, Die Schattenheilung, Güterverteilung, Kreuzigung Petri und Petri Streit mit Simon dem Magier sowie ein Engel befreit Petrus aus dem Kerker.

San Frediano in Cestello 9

Die durch einen Tambour weithin sichtbare Kuppel mit Laterne ist das Wahrzeichen von San Frediano und führt Florenzbesucher zu dieser nie vollendeten Kirche. Sie birgt einen Barockraum, dessen Stuckdekorationen wie der Kapellenschmuck aus der Bauzeit um 1700 stammen.

Restaurants

An der Piazza am Arno speist man gut in der **Enoteca Pane e Vino ●●–●●●**.

- Piazza di Cestello 3r
- Tel. 05 52 47 69 56
- www.ristorantepaneevino.it
- Mo–Sa 19.30–1 Uhr

Le Barrique ●●

Kleines Weinlokal nahe der Kirche. Das Auge isst mit; es ist auch nur Weinverkostung möglich.

- Via del Leone 40r | Tel. 0 55 22 41 92
- www.enotecalebarrique.com
- Di–So ab 19 Uhr

La Cité ●

Alternative Buchhandlung voller Atmosphäre mit Café. Events und Live-Musik: Ein Treffpunkt im Viertel San Frediano.

Erst-! klassig

- Borgo San Frediano 20r
- Tel. 0 55 21 03 87
- www.lacitelibreria.info
- Mo–Fr 7–23, Sa ab 10, So ab 16.30 Uhr

Shopping

Schlendern Sie den Borgo San Frediano entlang. Im **Atelier Giannini-Kuwata** finden Sie handgefertigtes Papier (Nr. 133r), im **Twisted Jazz Shop** eine riesige Auswahl an Jazz-CDs (Nr. 21r) und bei **Romanelli** (Nr. 70) Bronzestatuen.

Tour 12 Von San Niccolò in die Hügel

Tour-Übersicht:

Verlauf: ***Museo Bardini › *Giardino Bardini › San Niccolò › Piazzale Michelangelo › San Salvatore al Monte › **San Miniato al Monte › Forte Belvedere**

Dauer: 3–4 Stunden

Praktische Hinweise:

- Die Buslinie 13 fährt ab Piazza Ferrucci am Ponte San Niccolò hinauf zum Piazzale Michelangelo und über die Hügel bis in die Nähe des Forte Belvedere, dann zurück zum Bahnhof.
- Der Treppenaufgang von der Porta San Miniato zur Piazzale ist relativ steil, etwas leichter in Serpentinen geht man von der Piazza Poggi.

Skulpturen im Giardino Bardini

Tour-Start:

*Museo Bardini 10

Hinter der Fassade des Palastes aus dem 13. Jh. verbergen sich die Schätze eines der kuriosesten Museen der Stadt. Der Kunsthändler Stefano Bardini (1836–1922) ließ ausgewählte Objekte in seinem Palast anbringen und vermachte die eigenwillige Sammlung von Werken fast aller Epochen und Gattungen der Stadt (Fr–Mo 11–17 Uhr, Eintritt 6 €).

Erst-! klassig

*Giardino Bardini 11

Oberhalb des Palazzo erstreckt sich der Garten, der wie die für Ausstellungen genutzte **Villa Bardini** darin, zugänglich ist (Eingang Costa San Giorgio 4, www.bardinipeyron.it, Nov.–Febr. tgl. 8.15–16.30, März bis 17.30, April–Mai, Sept.–Okt. bis 18.30, Juni–Aug. bis 19.30 Uhr, 1. und letzter Mo im Monat geschl., Tickets › **S. 117**).

Via di San Niccolò

Wenn man durch die hübsche, mittelalterlich anmutende Via di San Niccolò spaziert, passiert man das Stadttor San Miniato, Reste der Stadtmauer aus dem 14. Jh. sowie die Kirche **San Niccolò oltr'Arno 12**. Hier wurde im 16. Jh. Geschichte geschrieben. Die Truppen des Medici-Papstes Clemens VII. besiegten die Anhänger der Republik und nahmen 1530 die Stadt ein. Michelangelo, der für die Republik die Festungsanlagen verstärkt hatte, versteckte sich in der Kirche. Der Papst verzieh ihm – unter einer Bedingung: Er sollte wieder für ihn arbeiten.

Das mächtige **Stadttor San Niccolò 13** (1324), das als einziges noch seine Originalhöhe besitzt, beherrscht die Piazza Giuseppe Poggi.

Restaurants

Fuori porta ●
In dem rustikalen Lokal werden gute Weine und Crostini serviert.
- Via Monte alle Croci 10r
- Tel. 05 52 34 24 83 | www.fuoriporta.it
- Mo–Fr 12.30 bis 15.30, 19–0.30, Sa, So 12.30–0.30 Uhr

Antica Mescita San Niccolò ●–●●
Wenige, aber fein gekochte toskanische Speisen, dazu gute Weine.
- Via San Niccolò 60r | Tel. 05 52 34 28 36
- www.osteriasanniccolo.it
- Tgl. 12–0.30 Uhr

Hosteria del Bricco ●●
Klassische Florentiner Küche wie *Ribollita* und *Pappa al Pomodoro*.
- Via San Niccolò 8r | Tel. 05 52 34 50 37
- www.osteriadelbricco.it | Mo geschl.

Nightlife

Im netten Café-Pub **Il Rifrullo,** Via di San Niccolò 57r, genießt man kleine und größere Gerichte in internationaler Atmosphäre. In der avantgardistischen **Bar Zoe,** Via de' Renai 13r (So mittags geschl.), trifft sich hauptsächlich jüngeres Publikum, im **Negroni**, Via de' Renai 17r (Sa, So ab 10 Uhr, sonst 8–3 Uhr), ein bunt gemischtes Völkchen.

12 Piazzale Michelangelo 14

Die ***Aussicht** von diesem weiten Platz, in dessen Mitte eine Kopie von Michelangelos David wacht, ist bestechend schön: ganz Florenz mit der herausragenden Kuppel des Doms liegt einem zu Füßen. Die Abendstimmung ist bezaubernd.

Erst-! klassig

Hinter dem traditionsreichen Caffè Loggia führt eine Treppe hinauf zu **San Salvatore al Monte** 15. Michelangelo gefielen die erstmals in einem Kirchenraum übereinander gestellten Wandpfeiler; sein Ausspruch »La bella villanella« (die kleine Landschöne) machte die Kirche berühmt.

**San Miniato al Monte 16

Als erster Märtyrer von Florenz starb um 250 der hl. Miniatus im Amphitheater der Stadt. Der Legende nach nahm er seinen abgeschlagenen Kopf und stieg auf einen Hügel, wo er inmitten heidnischer Tempel den Ort für sein Grab wählte. Römische Kapitelle schmücken die Krypta des schönsten und besterhaltenen romanischen Gotteshauses der Stadt: 1018 wurde der Bau begonnen. Die Fassade von San Miniato besticht durch ihre prachtvolle grünweiße Marmorverkleidung. Das ***Mosaik Christi** stammt aus der Mitte des 13. Jhs.

Der Innenraum der dreischiffigen Basilika strahlt dieselbe Harmonie aus wie die Fassade, verstärkt durch ein großartiges ***Mosaik** gleicher Thematik. Die ***Geschichte des hl. Benedikt** (rechts oben, Sakristei) erzählte Spinello Aretino 1378 in seinen herrlichen Fresken erstmals in der Toskana. Einzigartig sind die Überbleibsel der romanischen Ausstattung: ***Kanzel,** verzierte ***Altarschranken** und **Hauptaltar,** auch die fünf Alabasterfenster des Chors. Im ältesten Teil, der ****Krypta,** fühlt man sich ins Mittelalter versetzt, besonders, wenn die Mönche gregorianische Gesänge anstimmen.

Erst-! klassig

Fast als ein Bau für sich wirkt die ***Kapelle des Kardinals von Portugal** (linkes Seitenschiff). Luca della Robbia, ein Schüler Brunelleschis, errichtete sie nach dem Vorbild des Meisters in San Lorenzo. Geöffnete Marmorvorhänge geben den Blick frei auf das verspielte ***Grabmal des Kardinals** von Antonio Rossellino (www.sanminiatoalmonte.it, April bis Okt. tgl. 7–20 Uhr, sonst 7–13, 15.30–19 Uhr).

Forte Belvedere 17

Erst-! klassig

Von hier hat man den schönsten ****Blick auf die Stadt**. Die Festung erhebt sich vis-à-vis des Zentrums. Vom Piazzale Michelangelo spaziert man die Via del Monte alle Croci zum Stadttor San Miniato hinunter und die Via Belvedere hinauf (ca. 1 Std.). Buslinie 13 fährt vom Piazzale Michelangelo Richtung Porta Romana (Haltestelle Galileo 4). Von dort führt ein Spaziergang hinauf.

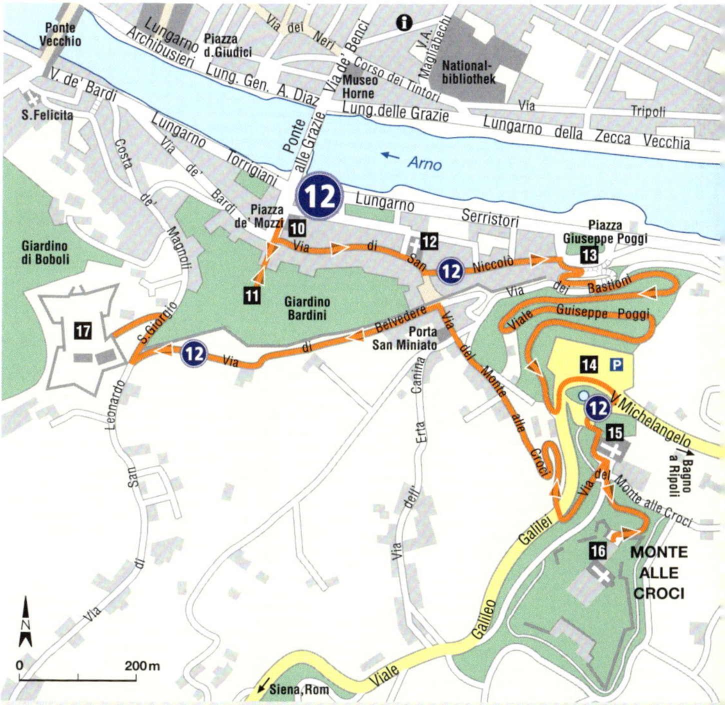

Tour im Oltrarno

Tour 12

Von San Niccolò in die Hügel

10 Museo Bardini
11 Giardino Bardini
12 San Niccolò oltr'Arno
13 Stadttor San Niccolò
14 Piazzale Michelangelo
15 San Salvatore al Monte
16 San Miniato al Monte
17 Forte Belvedere

Ausflüge

Das Beste!

- Fiesole
- Certosa di Galluzzo
- Ausflug zu den Villen im Nordwesten: Villa di Castello, Villa La Petraia
- Fahrt durch den Mugello: Villa Demidoff, Villa Cafaggiolo, Scarperia, Borgo San Lorenzo, Vicchio, Dicomano und Rùfina

› Karte
S. 133

Fiesole 1

Piazza Mino da Fiesole › *Archäologische Zone › Konvent der Franziskaner

Dauer: ½ Tag
Praktische Hinweise:
- Bus Nr. 7 fährt von der Piazza San Marco in ca. 35 Min. zur zentralen Piazza Mino da Fiesole.

Kein Florenzaufenthalt ohne Besuch der kleinen Schwester auf dem Hügel (295 m)! Der Charme des Städtchens, die gute Luft und der eindrucksvolle Anblick der Arnostadt von oben, all dies spricht für einen Abstecher nach Fiesole (13 990 Einw.).

Geschichte

Der im 7. Jh. v. Chr. von den Etruskern Volterras gegründete Ort verbündete sich im 3. Jh. v. Chr. mit Rom – das bewahrte ihn vor Zerstörungen! Anfang des 1. Jhs. v. Chr. wählte Fiesole dann die falsche Seite, und der Sieger Sulla strafte es: Mitten in der Tempelzone ließ er ein Theater errichten und entweihte den heiligen Bezirk. Bis in die Zeit der Völkerwanderung besaß der Ort größere Bedeutung als Florenz, das sich Fiesole 1125 einverleibte. Reiche Kaufleute schätzten das Klima und erbauten prächtige Villen.

Erst-! klassig Die herrlichen Gärten der Villen Medici, Montececeri, Nieuwenkamp, San Michele, Peyron, Schifanoia, Rinuccino und Le Balze kann man besuchen (unterschiedlich geöffnet, Reservierung/Infos: www.fiesole.it, Tel. 05 50 55, Eintritt).

Römisches Amphitheater in Fiesole

Piazza Mino da Fiesole

Auf dem einstigen Forum pulsiert das Leben. Wenn man durch den Ort spaziert, erschließen sich immer wieder neue Aussichten. Die Piazza wird auf der einen Seite vom **Palazzo Pretorio,** dem heutigen Rathaus, abgeschlossen; am unteren Ende grüßt der 42 m hohe Turm des romanischen **Doms San Romolo.** Gönnen Sie dem Renaissance-Grabmal und dem Altar von Mino da Fiesole in der Cappella Salutati sowie der Krypta einen Blick. Die **Fiera di San Romolo** ehrt am 6. Juli den Stadtpatron und endet mit einem großen Feuerwerk. Erst-! klassig

Freunde gotischer Malerei und der Terrakotten von Della Robbia zieht es ins kleine **Museo Bandini** hinter dem Dom (Fr–So Jan–Febr. 10–14, März, Okt. bis 18, April bis Sept. bis 19 Uhr, Eintritt 5 €, ermäßigt 3 €, Sammelticket › **S. 132**).

*Archäologische Zone

Neben den Ausgrabungen bietet die Archäologische Zone eine hervorragende Aussicht auf die Hügel vor dem Apennin. Man erkennt ein römisches ***Amphitheater** für 3000 Zuschauer, rechts unten die Thermen, links die Tempelruinen, eingerahmt von der einst fast 5 m hohen, aus mächtigen Steinen errichteten ***Stadtmauer.** Von der Terrasse der Caffeteria, die zu einer Pause einlädt, eröffnet sich ein malerischer Blick

› Karte S. 133

Im Ristorante San Michele in Fiesole

über das Areal. Die Besichtigung des ***Archäologischen Museums** mit hervorragenden etruskischen, römischen und langobardischen Exponaten sowie ein Blick auf die feinen etruskischen und attischen Vasen des Antiquariums schließen den Rundgang ab (Nov.–Febr. Mi–Mo 10–14, März, Okt. tgl. 10–18, April bis Sept. tgl. 10–19 Uhr, Eintritt 10 €, 7–25, über 65 Jahre 6 €, Familienticket 20 €; mit Museo Bandini 12 €, ermäßigt 8 €, Familien 24 €).

Im Juni/Juli finden neben Ballett- und Filmvorführungen im Rahmen der Veranstaltungsreihe **Estate Fiesolana** auch Konzerte im römischen Theater statt › **S. 54**.

Erst-! klassig

Konvent der Franziskaner

Ein romantischer Spaziergang führt von der Piazza Mino da Fiesole zum Konvent der Franziskaner. Die Hälfte der Wegstrecke markiert die mit ihren 16 Säulen auf antiken Basen majestätisch anmutende romanische Basilika **Sant'Alessandro.** Sie erhebt sich seit dem 14. Jh. an der Stelle der etruskischen Akropolis. Immer wieder öffnet sich eine traumhafte Aussicht auf Florenz beim Anstieg. Im Kloster besichtigt man neben der Kirche und dem Kreuzgang ein auch für Kinder interessantes kleines ethnografisches Museum, das sogar mit einer Mumie aufwartet (Herbst/Winter 9.30 bis 12, 15–17, Frühjahr/Sommer 7 bis 12, 15.30–19 Uhr, gratis).

Erst-! klassig

Infos

Ufficio Turistico

- Via Portigiani 3 | 50014 Fiesole
- Tel. 05 55 96 13 23
- www.fiesoleforyou.it

Hotels

Bencistà ●●

Stilvolles, mit Antikmöbeln eingerichtetes Haus in schöner Umgebung.

- Via B. da Maiano 4 | Tel. 05 55 91 63
- www.bencista.com

Villa Sorriso ●

Kleines, komfortables Hotel hinter dem Rathaus.

- Via Gramsci 21 | Tel. 05 55 90 27

Restaurants

Ristorante San Michele ●●●

In der von Michelangelo entworfenen Abtei nahe Fiesole genießt man feine regionale Spitzenküche; toller Blick von der Terrasse.

- Via Doccia 4 | Tel. 05 55 94 51
- www.villasanmichele.com
- Nov.–März geschl.

Vinandro ●–●●

Nettes Lokal direkt am Hauptplatz, klassische Florentiner Küche, dazu eine gute Auswahl an Toskana-Weinen.

- Piazza Mino da Fiesole 33
- Tel. 05 55 91 21 | Mo geschl.

Certosa di Galluzzo 2

Florenz › Galluzzo › Florenz

Dauer: ½ Tag
Praktische Hinweise:
- Bus 37 fährt vom Hauptbahnhof Florenz in ca. 40 Min zur Certosa nach Galluzzo.

Außenansicht und Pinakothek

Von hohen Mauern eingefasst, erhebt sich auf dem 110 m hohen Monte Acuto eine uneinnehmbar wirkende Festung, das Kartäuserkloster. Niccolò Acciaioli, ein reicher Florentiner, gründete 1342 die Certosa, und andere wohlhabende Florentiner beschenkten den Konvent: Einzigartige Kunstwerke bezeugen eine Jahrhunderte währende Stiftungsfreude.

In der **Pinacoteca,** den ehemaligen Wohnräumen Acciaiolis, ziehen die Fresken Pontormos die Blicke auf sich; die Vorlagen für die Lünetten mit der ***Passionsgeschichte** lieferten die Drucke Albrecht Dürers, die damals in Florenz kursierten.

*Klosterkirche San Lorenzo

Hinter der kleinen Tür in den dicken Mauern entdeckt man die großartige Fassade (16. Jh.) der Klosterkirche. Durch den Chor der Laienbrüder gelangt man in den Kirchenraum der Mönche; das Kreuzgewölbe verweist auf die gotische Entstehungszeit, die ausgesprochen prachtvolle Ausstattung – allem voran das ***Chorgestühl** – auf die Kunst des 16. Jhs. Bezaubernd wirken die acht prächtigen und überaus fein gearbeiteten Glasfenster im ehemaligen Rekreationsraum der Mönche.

Der Kreuzgang

Erst-! klassig

Im großen *Kreuzgang möchte man gern verweilen, die Ruhe und Abgeschiedenheit genießen und dabei die Terrakotten von Giovanni della Robbia betrachten. Die Mönchszellen um den Kreuzgang bilden kleine Apartments mit Gartenanteil – die Kartäuser durften

› Karte S. 133

Die Medici-Villa La Petraia ist ein lohnendes Ausflugsziel

sich nur einmal pro Woche zu Gesprächen treffen. Die Zisterzienser übernahmen 1958 den Konvent; in ihrem kleinen Laden findet sich mit Sicherheit ein nettes Souvenir (Führungen Di–Sa 9, 10, 11, 15, 16 Uhr, So, Fei 15, 16 Uhr, im Sommer auch um 17 Uhr, Spende erwünscht).

Erst-! klassig

Ausflug zu den **Villen im Nordwesten**

Villa di Castello › *Villa La Petraia

Dauer: ½ Tag

Praktische Hinweise:

- Vom Hauptbahnhof Florenz fährt Bus Nr. 2 hinauf zur Via di Villa di Castello.

Villa di Castello 3

Von der Bushaltestelle in den leicht ansteigenden Hügeln bringt Sie die gleichnamige Straße zur imposanten Villa di Castello. Von 1477 an ließen sich zwei Medici den Landsitz ausbauen. Nach seiner Proklamation zum Herzog von Florenz gab Cosimo I. den Auftrag für die Gestaltung des prunkvollen ***Parks** – damals ein Statussymbol, heute einer der wenigen stilrein erhaltenen Renaissancegärten.

Der Palast ist Sitz der Accademia della Crusca, die 1583 zur Reinhaltung der italienischen Sprache gegründet wurde. Nur der Garten hinter der Villa kann besichtigt werden. Man schlendert durch eine italienische Gartenanlage zur bizarren Grotta degli Animali. Im oberen Gartenteil überrascht eine Wildnis aus Steineichen und Zypressen; die Statue des Januar erinnert an die Ernennung Cosimos I. zum Herzog in diesem Monat (geöffnet wie La Petraia s.u., gratis).

*Medici-Villa La Petraia 4

In der Via della Petraia etwas weiter prunkt die reich verzierte spätbarocke Fassade der Villa Corsini, und in 123 m Höhe thront die Medici-Villa La Petraia. Man sieht ihr den Baustil des typischen Florentiner

Landhauses an; der mittelalterliche Turm ist ein Merkmal der frei stehenden, rechteckigen toskanischen Bauernhäuser. Das Belvedere rechts von der Villa wird seinem Namen gerecht. Es bietet sich ein toller ***Panoramablick über die Arno-Ebene.** Spazieren Sie durch den wunderschön angelegten hängenden ***Garten,** der einen romantischen englischen Teil und eine geometrische Sektion aus dem 16. Jh. aufweist.

Erst-! klassig

Als Viktor Emanuel II. 1865 Florenz zur Hauptstadt Italiens kürte, ließ er sich die Medici-Villa zum Jagdschloss im prächtigen Empirestil umgestalten. Welch seltsame Mischung dabei entstand, zeigt der mit Fresken ausgemalte ***Innenhof** – unter Viktor Emanuel wurde er mit einem Glasdach überspannt und als Ballsaal genutzt. Zu den interessantesten Objekten in den prunkvollen Räumen zählt der Flipperautomat (19. Jh.) im Spielzimmer (tgl. außer dem 2. und 3. Mo im Monat von 8.15 Uhr bis zum Einbruch der Dunkelheit, im Sommer letzter Einlass 18.30 Uhr, Nov. bis Febr. 15.30 Uhr; gratis).

Fahrt durch den **Mugello**

Villa Demidoff › Villa Cafaggiolo › Scarperia › Borgo San Lorenzo › Vicchio › Dicomano › Rùfina

Dauer: 1 Tag

Praktische Hinweise:

- Am besten fährt man mit dem Auto, da man so unabhängig die Rundfahrt bestreiten kann.
- Zu den Orten gibt es Busverbindungen. Der ATAF-Bus Nr. 25A fährt von der Piazza San Marco in Florenz nach Pratolino zur Villa Demidoff. Mit SITA geht es bis Pratolino und weiter nach Scarperia (www.amvbus.it) und über Borgo San Lorenzo zurück nach Florenz. Die Autolinee Toscane bedienen Rùfina, Borgo San Lorenzo, Scarperia (www.autolineetoscane.it).
- Mit der Bahn erreichen Sie Rùfina, Dicomano, Vicchio, Borgo San Lorenzo und San Piero a Sieve, von dort fahren Busse nach Scarperia. Den Ausflug unternimmt man am besten am Wochenende, dann sind alle Sehenswürdigkeiten geöffnet.

Villa Demidoff 5

Erst-! klassig

Zu den landschaftlich reizvollsten Abschnitten des Apennins zählt der Mugello. Wenige Touristen besuchen diese Region, die sich viel Ursprünglichkeit bewahrt hat und mit prächtigen Villen und Gärten aufwartet.

Großherzog Francesco I. erwarb 1568 das Gelände der Villa Demidoff in Pratolino, ca. 10 km von Florenz entfernt. Für sich und seine Geliebte ließ er ein Lustschloss mit ***Garten** errichten, in dem einst bizarre Wasserspiele und großartige Skulpturen standen. Die Villa im Park diente früher als Pagenhaus. Der russische Prinz Pavel Demidoff kaufte 1870 das Gebäude und ließ es zur stilvollen Residenz ausbauen.

Die 10 m hohe Brunnenfigur des ****Apennin** von Giambologna im

› Karte S. 133

An der Piazza dei Vicari im Ort Scarperia

Garten sollte an den Ursprung der Medici-Dynastie im Mugello erinnern. Neben dem Apennin blieben der Mugnone-Brunnen, die Peschiera della Maschera (früher Badebecken), die Cupido-Grotte, der Jupiterbrunnen und die Kapelle von Buontalenti bestehen (April–Sept. Sa, So 10–18 Uhr, sonst Öffnungszeiten unter Tel. 0 55 40 94 27 erfragen, Eintritt 3 €).

Villa Cafaggiolo 6

Von Pratolino geht es über die SS 65 nach Norden; Zerreichen *(quercus cerris)* und Kastanien wechseln mit Wiesen und Kiefernwäldern ab, hier trifft man auf unberührte Natur. In Novoli biegt man links ab zur grandiosen Medici-Villa Cafaggiolo, deren Fassade die Nähe zum Florentiner Landhaus widerspiegelt.

Charaktervolle Städte

Landschaftlich sehr reizvoll ist die Strecke zwischen San Piero a Sieve (von Novoli) und ***Scarperia** 7. Ein Spaziergang durch die 1306 von Florenz gegründete Stadt führt zur zentralen Piazza mit dem ***Palazzo dei Vicari**, den die Wappen der von Florenz geschickten Statthalter schmücken. Der Palazzo beherbergt das interessante Messermuseum, denn Scarperia ist seit dem Mittelalter das Zentrum der Messerherstellung in der Toskana (www.museoferritaglientiscarperia.it, Juni–Sept. Mi–So 15.30–19.30, Sa, So, Fei auch 10–13, Okt.–Mai Mi–So 10–13, Sa, So, Fei auch 15–18.30 Uhr, Eintritt 4 €, 6–14 und über 65 Jahre 3 €).

Erst-klassig

In dem weitgehend modernen Hauptort des Mugello, **Borgo San Lorenzo** 8 (193 m; 18 050 Einw.), weist die üppig ausgestattete romanische Kirche ***San Lorenzo** auf die Bedeutung im Mittelalter hin. Man folgt dem Fluss Sieve zum Ort **Vicchio.** Ab **Dicomano** verläuft die Rundfahrt wieder gen Florenz.

Für Weinfreunde ist der Halt in **Rùfina** 9 ein Muss. In der Villa di Poggio Reale können Sie sich im **Weinmuseum** informieren und in der **Enoteca** die exzellenten Tropfen Chianti Rùfina und Pomino zu kleinen toskanischen Gerichten verkosten (Infos und Öffnungszeiten unter Tel. 34 52 21 63 61 bzw. unter www.museorufina.blogspot.com).

Erst-klassig

Zwischenstopp: Restaurant

Ristorante Il Giogo ●

Auf fast 900 m Höhe genießt man in einer alten Poststation die Küche des Mugello.

- Am Giogo-Pass (9 km nördl. von Scarperia) | Tel. 05 58 46 83 20
- www.passodelgiogo.it
- Winter Sa, So mittags, Sommer tgl.; Frühjahr, Herbst Mo, Di geschl.

Infos von A–Z

Ärztliche Versorgung

EU-Bürger werden gegen Vorlage der Europäischen Krankenversicherungskarte kostenlos behandelt. Der Abschluss einer privaten Auslandskrankenversicherung ist empfehlenswert, etwa für den Rücktransport im Notfall.

Im **Medical Service,** einem medizinischen Telefondienst, erreichbar unter Tel. 0 55 47 54 11, stehen für den Notfall rund um die Uhr Deutsch sprechende Ärzte zur Verfügung. Je nach Fall wird entschieden, ob ein Arzt geschickt werden muss oder ob an eine deutschsprachige Praxis verwiesen wird.

Behindertengerechtes Reisen

Adressen von geeigneten Hotels, zur Fortbewegung in Florenz, zur Museumsbesichtigung u.a. findet man unter www.firenzeturismo.it *(Firenze senza barriere* bzw. *Florence without barriers)* anklicken.

Diplomatische Vertretungen

- **Deutsches Honorarkonsulat**
  Corso dei Tintori 3,
  Tel. 05 52 34 35 43,
  florenz@hk-diplo.de
- **Schweizer Honorarkonsul**
  Piazzale Galileo 5, Tel. 0 55 22 24 34,
  firenze@honrep.ch
- **Österreichisches Konsulat**
  Lungarno Vespucci 58,
  Tel. 05 52 65 42 22,
  cons.austria@albinipitigliani.it

Einreise

EU-Bürger und Schweizer benötigen einen Reisepass oder Personalausweis, Autofahrer den nationalen Führerschein. Das Mitführen einer Sicherheitsweste im Auto und ihr Tragen im Notfall ist Pflicht.

Feiertage

- 1. Januar (Neujahr)
- 6. Januar (Hl. Drei Könige)
- Ostermontag
- 25. April (Staatsfeiertag)
- 1. Mai (Tag der Arbeit)
- 24. Juni (Festtag des San Giovanni)
- 2. Juni (Tag der Republik)
- 15. August (Ferragosto)
- 1. November (Allerheiligen)
- 8. Dezember (Unbefleckte Empfängnis)
- 25./26. Dezember (Natale, Weihnachten)

Fundbüro

Ufficio Oggetti trovati
Via Veracini 5 (int. 5)
Tel. 0 55 33 48 02, Mo–Fr 9–12.30, Di, Do auch 14.30–16.30 Uhr

Geld

Am Geldautomaten bekommt man mit Bank- oder Kreditkarte maximal 250 €/ Tag. Viele Geschäfte, Trattorien und Hotels akzeptieren Kreditkarten.

Haustiere

Haustiere benötigen den Europäischen Heimtierpass. Pflicht sind Tätowierung

Urlaubskasse	
Tasse Kaffee	2,50–4,50 €
Softdrink	4 €
Glas Bier	6,50 €
Panino (belegtes Brötchen)	3–4,80 €
Portion Eis	2 €
Taxifahrt (innerstädtisch, ca. 12 km)	13 €
Mietwagen/Tag	ab 40 €

oder Mikrochip sowie eine Tollwutimpfung. Leine und Maulkorb für Hunde gehören mit ins Gepäck.

Informationen

Auskünfte erteilen die staatlichen italienischen Fremdenverkehrsämter (ENIT), www.enit.it.

- **Deutschland:**
  Barckhausstr. 10, 60325 Frankfurt/M.
  Tel. (0 69) 23 74 34, frankfurt@enit.it
- **Österreich:**
  Mariahilfer Str. 1b, 1060 Wien,
  Tel. (01) 5 05 16 39, vienna@enit.it
- **Schweiz:**
  Uraniastr. 32, 8001 Zürich
  Tel. (0 43) 4 66 40 40, zurich@enit.it
- **Info-Büros in Florenz:**
  Ufficio Informazioni Turistiche
  (Infobüro der Provinz Florenz)
  www.firenzeturismo.it:
- Via Cavour 1r, Tel. 0 55 29 08 32
  infoturismo@provincia.fi.it
- Piazza Stazione 4 (am Bahnhof)
  Tel. 0 55 21 22 45
  turismo3@comune.fi.it
- Borgo Santa Croce 29r,
  Tel. 05 50 46 12 18

GUT ZU WISSEN

- Die richtige **Hausnummer** in der richtigen Straße, und doch ist das Hotel nicht an der vermuteten Stelle zu finden? Steht in der Adresse hinter der Hausnummer ein kleines **r**? Dieser Buchstabe ist entscheidend, denn in Florenz werden die Hausnummern für Privatgebäude mit schwarzen und für Geschäfte oder Betriebe mit roten Ziffern angegeben: *r* für *rosso* (rot)!
- **Museen:** Die Eintrittspreise liegen in der Regel zwischen 4 und 6,50 €. Bei Ausstellungen (die in den wichtigsten Museen praktisch ständig stattfinden) werden die Preise meist um 3–6 € erhöht. In Italien gibt es dann keine Möglichkeit, nur das Museum ohne Ausstellung zu besichtigen.
- **Ermäßigungen:** In staatlichen Museen (u.a. Uffizien, Galleria dell'Accademia, Bargello, Palazzo Pitti) haben EU-Bürger unter 18 und über 65 Jahren gegen Vorlage des Ausweises freien Eintritt, 18- bis 24-Jährige bekommen Ermäßigungen (meist 50 %). In kommunalen Museen (u.a. Palazzo Vecchio) ist der Eintritt bis 18 Jahre frei; Besucher von 18 bis 25 und über 65 Jahren erhalten eine Ermäßigung.
- **Sammeltickets** gibt es für den Palazzo Pitti und Boboli-Garten › **S. 117**, für die wissenschaftlichen Museen und den Botanischen Garten › **S. 93** sowie für Campanile, Battistero, Domkuppel und -ausgrabungen, Dommuseum › **S. 60**.
- **Tickets von Firenze Musei:** Tickets mit aufgedrucktem Eintrittszeitpunkt für alle staatlichen Museen kann man bei Firenze Musei vorbestellen, um Wartezeiten zu vermeiden (3 € pro Person, Uffizien und Galleria dell'Accademia 4 €): Tel. (00 39) 0 55 29 48 83, www.firenzemusei.it, Mo–Fr 8.30 bis 18.30, Sa 8.30–12.30 Uhr.
- **Firenze Card:** für 72 € (1 Erw. und 1 Kind), 3 Tage gültig, ermöglicht freien bzw. ermäßigten Eintritt in 50 Museen und gilt als Bus- und Tramticket, www.firenzecard.it.
- **Rauchen:** Seit Januar 2005 herrscht in allen öffentlichen Gebäuden Rauchverbot, ebenso in Bars und Restaurants ohne Raucherzimmer.
- **Fahrverbote, Parkplätze** › **S. 19**

- Museo del Bigallo, Tel. 0 55 28 84 96, bigallo@comune.fi.it
- Flughafen A. Vespucci, Tel. 0 55 31 58 74, infoaeroporto@firenzeturismo.it

Notruf

- **Polizei, Notruf** Tel. 112, 113
- **Erste Hilfe** Tel. 118
- **Feuerwehr** Tel. 115
- **Autopanne** Tel. 80 31 16

Öffnungszeiten

- **Läden:** meist 9–13 und 15.30 bis 19.30 Uhr; im Sommer schließen viele Geschäfte am Sa Nachmittag, im Winter am Mo Vormittag oder Mi Nachmittag, Modegeschäfte sind meist Mo vormittags geschl.
- **Banken:** Mo–Fr 8.30–13.30 Uhr (manche auch nachmittags).
- **Kirchen:** meist in der Zeit von 12/13 bis 15/16 Uhr geschl.
- **Museen, Galerien:** ändern häufig ihre Öffnungszeiten (s. Angaben im Unterwegskapitel).
- **Tankstellen** sind, außer an Autobahnen, über Mittag sowie an Sonn- und Feiertagen geschlossen. Manche haben Tankautomaten, die mit Bargeld und/oder Kreditkarte funktionieren.

Rechnungen und Belege

Für Dienstleistungen in Restaurants, Autowerkstätten u.a. muss man sich eine Quittung *(ricevuta fiscale)* inkl. Mehrwertsteuer (IVA) ausstellen lassen und aufbewahren. Die Belege sind auf Verlangen der Steuerpolizei vorzuzeigen, die befugt ist, Kontrollen durchzuführen und Strafen zu verhängen.

Sicherheit

Wo Touristen unterwegs sind, sehen auch Taschendiebe ihre Chance. In größeren Menschenansammlungen, in an von Touristen stark frequentierten Orten sowie in den öffentlichen Verkehrsmitteln sollte man naturgemäß besonders achtgeben. Papiere, Wertsachen und größere Geldbeträge deponiert man am besten im Hotelsafe. Lassen Sie auch grundsätzlich nichts im Wagen liegen und stellen Sie das Auto in einer Garage oder auf einem bewachten Parkplatz ab.

Wer bestohlen wurde, sollte die Polizei *(questura)* verständigen.

Telefon und Handy

In Italien gibt es fast nur Kartentelefone. Telefonkarten *(scheda telefonica)* zu 5 bzw. 10 € erhält man beim Tabacchi- und Zeitschriftenhändler. Vor der Benutzung ist eine Ecke abzubrechen. Auch bei innerstädtischen Gesprächen muss die Ortskennzahl von Florenz (0 55) mitgewählt werden.

Handys funktionieren im italienischen Mobilfunknetz (GSM 900/1800) problemlos; gute Tipps auch zum Thema mobiler Internetzugang in Italien findet man unter www.teltarif.de/roaming/italien/handy.html. Italienische Handynummern beginnen nicht mit einer Null.

Internationale Vorwahlen:

- nach Deutschland 00 49
- nach Österreich 00 43
- in die Schweiz 00 41
- nach Italien 00 39; die 0 der Ortskennzahl ist immer mitzuwählen

Zoll

Für Reisende aus EU-Staaten gibt es im privaten Reiseverkehr keine Mengenbegrenzungen für Waren des eigenen Bedarfs. Es gelten folgende Richtmengen: 800 Zigaretten, 1 kg Tabak, 10 l Spirituosen, 90 l Wein.

Schweizer können Geschenke im Gesamtwert von 300 CHF zollfrei ein- und ausführen, dazu 200 Zigaretten (oder 50 Zigarren oder 250 g Tabak), 1 l Spirituosen und 2 l Wein.

Register

Bildnachweis

Coverfoto: Fassade von Santa Maria del Fiore © LOOK-foto/age fotostock
Fotos Umschlagrückseite: © WebGallery of Art (links); shutterstock/Yulia Davidovich (Mitte), laif/Sabine Bungert (rechts)

Alamy/Peter Barrit: 108; Alamy/Art Kowalsky: 119; Alamy/Travel Division Images: 95; Alamy/Christine Webb: 136; Fotolia/Ivan Floriani: 22; Herbert Hartmann: 66, 92; Ulrike Havemann: 36; Hotel Morandi: 24; Hotel Torre di Bellosguardo: 26; Huber Images/Gräfenhain: U2-1; Huber Images/Johanna Huber: 130; Huber Images/Kaos01: U2-3; Huber Images/Kaos03: 31, 106; Huber Images/Picture Finders: 64; Huber Images/Massimo Ripani: 134; laif/Sabine Bungert: 32, 116; laif/Raffaele Celentano: 20, 79, 132; laif/hemis.fr/Patrice Hauser: 54; laif/Hans Madej: 11; laif/hemis.fr/Rene Mattes: 80; laif/Berthold Steinhilber: 13; LOOK-foto/Kay Maeritz: 91, 127; LOOK-foto/Jürgen Richter: 6, 58; Daniele Messina: 48, 101; Pixelio/Norbert Schmitz: 70; Dirk Renckhoff: 77, 97; Schapowalow/Stefano Amantini: 17; Schapowalow/MIME/Maurizio Rellini: 40, 56; shutterstock/S. Borisov: 4, 9; shutterstock/conde: 62, 73; shutterstock/Alexander Dashewsky: 14; shutterstock/graycat: 63; shutterstock/JLR Photography: U2-4; shutterstock/Timur Kulgarin: 59; shutterstock/KKulikov: 69; shutterstock/PerseoMedusa: 113; shutterstock/Anibal Trejo: 1; WebGallery of Art: U2-2, 52, 75, 84, 88, 115, 125; Wikipedia (gemeinfrei): 45; Wikipedia/CC 3.0 Gryffindor: 104.

Liebe Leserin, lieber Leser,
wir freuen uns, dass Sie sich für diesen POLYGLOTT on tour entschieden haben.
Unsere Autorinnen und Autoren sind für Sie unterwegs und recherchieren sehr gründlich, damit Sie mit aktuellen und zuverlässigen Informationen auf Reisen gehen können.
Dennoch lassen sich Fehler nie ganz ausschließen. Wir bitten Sie um Verständnis, dass der Verlag dafür keine Haftung übernehmen kann.
Ihre Meinung ist uns wichtig. Bitte schreiben Sie uns:
TRAVEL HOUSE MEDIA GmbH, Redaktion POLYGLOTT, Grillparzerstraße 12,
81675 München, redaktion@polyglott.de
www.polyglott.de

© 2014 TRAVEL HOUSE MEDIA GmbH München
Dieses Buch wurde auf chlorfrei gebleichtem Papier gedruckt.
ISBN 978-3-8464-9810-1

Alle Rechte vorbehalten. Nachdruck, auch auszugsweise, sowie die Verbreitung durch Film, Funk, Fernsehen und Internet, durch fotomechanische Wiedergabe, Tonträger und Datenverarbeitungssysteme jeglicher Art nur mit schriftlicher Genehmigung des Verlages.

Bei Interesse an maßgeschneiderten POLYGLOTT-Produkten:
Tel. 089/450 00 99 12
veronica.reisenegger@travel-house-media.de

Bei Interesse an Anzeigen:
KV Kommunalverlag GmbH & Co KG
Tel. 089/928 09 60
info@kommunal-verlag.de

Verlagsleitung: Michaela Lienemann
Redaktionsleitung: Grit Müller
Autorin: Monika Pelz
Redaktion: Annette Pundsack
Bildredaktion: Ulrich Reißer
Layoutkonzept/Titeldesign: Gramisci Editorialdesign, München, und Ute Weber, Geretsried
Karten und Pläne: Gecko-Publishing GmbH, Bad Endorf
Satz: Ute Weber, Geretsried
Druck und Bindung: Firmengruppe APPL, aprinta druck, Wemding

PEFC
PEFC/04-32-0928

TRAVEL HOUSE MEDIA
Ein Unternehmen der
GANSKE VERLAGSGRUPPE

Langenscheidt Mini-Dolmetscher Italienisch

Allgemeines

Guten Tag.	Buongiorno. [buon**dscho**rno]
Hallo!	Ciao! [**tscha**o]
Wie geht's?	Come sta? [**ko**me sta]
Danke, gut.	Bene, grazie. [**bä**ne **gra**zje]
Ich heiße ...	Mi chiamo ... [mi kjamo]
Auf Wiedersehen.	Arrivederci. [arriwe**der**tschi]
Morgen	mattina [mat**ti**na]
Nachmittag	pomeriggio [pomer**i**dscho]
Abend	sera [**ß**era]
Nacht	notte [**not**te]
morgen	domani [do**ma**ni]
heute	oggi [**o**dschi]
gestern	ieri [**jä**ri]
Sprechen Sie Deutsch?	Parla tedesco? [**par**la te**des**ko]
Wie bitte?	Come, prego? [**ko**me **prä**go]
Ich verstehe nicht.	Non capisco. [non ka**pis**ko]
Sagen Sie es bitte nochmals.	Lo può ripetere, per favore. [lo pu**o** ri**pä**tere per fa**wo**re]
..., bitte.	..., per favore. [per fa**wo**re]
danke	grazie [**gra**zje]
Keine Ursache.	Prego. [**prä**go]
was / wer / welcher	che / chi / quale [ke / ki / ku**a**le]
wo / wohin	dove [**do**we]
wie / wie viel	come / quanto [**ko**me / ku**an**to]
wann / wie lange	quando / quanto tempo [ku**an**do / ku**an**to **täm**po]
warum	perché [per**ke**]
Wie heißt das?	Come si chiama? [**ko**me ßi kjama]
Wo ist ...?	Dov'è ...? [do**wä**]
Können Sie mir helfen?	Mi può aiutare? [mi pu**o** aju**ta**re]
ja	sì [ßi]
nein	no [no]
Entschuldigen Sie.	Scusi. [**sku**si]
Gibt es hier eine Touristeninformation?	C'è un ufficio di turismo qui? [**tschä** un uf**fi**tscho di tu**ris**mo ku**i**]
Haben Sie einen Stadtplan?	Ha una pianta della città? [a **u**na pj**an**ta **del**la tschit**ta**]
Wann ist ... geöffnet?	A che ora è aperto (m.) / aperta (w.) ...? [a **ke** **o**ra ä a**pär**to / a**pär**ta]
das Museum	il museo (m.) [il mu**se**o]

Shopping

Wo gibt es ...?	Dove posso trovare ...? [**do**we **po**sso tro**wa**re]
Wie viel kostet das?	Quanto costa? [ku**an**to **kos**ta]
Wo ist eine Bank?	Dov'è una banca? [do**wä** una **bang**ka]
Ich suche einen Geldautomaten.	Dove posso trovare un bancomat? [**do**we **pos**so tro**wa**re un bangko**mat**]
Geben Sie mir 100 g Käse / zwei Kilo Pfirsiche	Mi dia un etto di formaggio / due chili di pesche. [mi **di**a un **ät**to di for**ma**dscho / **du**e **ki**li di **päs**ke]
Wo kann ich telefonieren / eine Telefonkarte kaufen?	Dove posso telefonare / comprare una scheda telefonica? [**do**we **pos**so telefo**na**re / kom**pra**re una **ske**da tele**fo**nika]

Essen und Trinken

Die Speisekarte, bitte.	Il menu per favore. [il me**nu** per fa**wo**re]
Brot	pane [**pa**ne]
Kaffee	caffè / espresso [kaf**fä** / es**präs**so]
Tee	tè [tä]
mit Milch / Zucker	con latte / zucchero [kon **lat**te / **zuk**kero]
Orangensaft	succo d'arancia [**suk**ko da**ran**tscha]
Mehr Kaffee, bitte.	Un altro caffè, per favore. [un **al**tro kaf**fä** per fa**wo**re]
Suppe	minestra [mi**näs**tra]
Nudeln	pasta [**pas**ta]
Fisch / Meeresfrüchte	pesce / frutti di mare [**pe**sche / **frut**ti di **ma**re]
Fleisch	carne [**kar**ne]
Geflügel	pollame [pol**la**me]
Beilage	contorno [kon**tor**no]
vegetarische Gerichte	piatti vegetariani [pj**at**ti wedschetar**ja**ni]
Ei	uovo [u**o**vo]
Salat	insalata [inßa**la**ta]
Dessert	dolci [**dol**tschi]
Obst	frutta [**frut**ta]
Eis	gelato [dsche**la**to]
Wein	vino [**wi**no]
Bier	birra [**bir**ra]
Wasser	acqua [akua]
Mineralwasser	acqua minerale [akua mine**ra**le]
mit / ohne Kohlensäure	gassata / naturale [gas**sa**ta / natu**ra**le]
Ich möchte bezahlen.	Il conto, per favore. [il **kon**to per fa**wo**re]